Le surmoi

Il faut, je dois…

Groupe Eyrolles
61, bd Saint-Germain
75240 Paris cedex 05

www.editions-eyrolles.com

Du même auteur :
Oser s'aimer – Développer la confiance en soi, Eyrolles, 2008.

Avec Christine Hardy et Laurence Schifrine :
Habiter son corps – La méthode Alexander, Eyrolles, 2006.
Avec Gilles Pho :
Vivre en relation – S'ouvrir et rencontrer l'autre, Eyrolles, 2006.
Avec Catherine Podguszer :
Personne n'est parfait ! – Accepter ses différences, Eyrolles, 2005.
Avec Karin Trystram :
Le couple, si on en parlait ?, Eyrolles, 2006

LES MOTS DE LA PSYCHANALYSE

Saverio Tomasella

Le surmoi

Il faut, je dois…

EYROLLES

À mes parents

Je souhaite remercier Lucien Mélèse, Claude Nachin et Serge Tisseron pour l'aide, l'écoute et le soutien qu'ils m'ont apportés dans mes recherches…

Le surmoi ne contraint pas seulement, ne condamne pas seulement, il aime aussi et protège : il est ambivalent.

F. Pasche, *Le passé recomposé*

Sommaire

Introduction

Être libre, ce n'est pas seulement se débarrasser de ses chaînes ; c'est vivre d'une façon qui respecte et renforce la liberté des autres.

N. Mandela

Chaque être humain se trouve très tôt confronté aux limitations et au refus, donc à la frustration. Ces épreuves de la réalité nous obligent à faire face à l'autre ; nous apprenons à tenir compte de lui, chacun à notre façon. Pour l'enfant, ces butées qui viennent des adultes (ou des plus grands) prennent vite la forme de ce qui est « défendu » ou « obligé » : « Il ne faut pas frapper ta petite sœur, tu dois être gentil avec elle », etc. L'enfant entre ainsi très tôt dans l'univers des contraintes, et regrette le monde sans limite du bébé. Une fois adulte, il garde une certaine nostalgie plus ou moins consciente de ce qu'il croit être l'« âge d'or » de tous les possibles, durant lequel prévalaient la force de l'illusion et la croyance – imaginaire – en sa « toute-puissance ».

Grandir, se socialiser et vivre en relation supposent la prise en compte, puis l'intégration, de quelques « règles du jeu » qui favorisent la vie en société et les échanges. Peu de principes fondateurs ou de valeurs clés sont en fait nécessaires pour permettre l'existence avec d'autres : il s'agit des interdits d'inceste, de cannibalisme et de parasitage[1], desquels découlent les interdits de meurtre, de mutilation, de torture et de viol.

Tout se brouille lorsque les règles se multiplient, se compliquent, et surtout deviennent arbitraires, valables dans telle famille, telle institution ou telle culture. Au lieu de faire face à quelques rares interdits majeurs, chacun se trouve peu à peu étouffé par un amoncellement de commandements, un bric-à-brac de proscriptions, un enchevêtrement de règlements, tous vécus comme indépassables. L'énergie vitale est perturbée, freinée, éparpillée…

L'enjeu de la libération de tout un chacun, pour parvenir à la maturité psychique et s'humaniser, n'est pas de « faire ce que l'on veut, comme on veut, quand on veut, avec qui on veut », licence parfois prônée un peu rapidement. Non, la liberté à conquérir est notre propre liberté : le but est d'exister par nous-mêmes de manière indépendante, d'exprimer qui nous sommes, de nous déterminer en fonction de notre pensée profonde et authentique, tout en souhaitant aux autres de vivre également ainsi, en cherchant à les comprendre, à les connaître mieux. Ce désir de liberté vraie exige de se débarrasser du fatras de nos empêchements intérieurs, car il n'est de servitude que volontaire, comme l'affirmait Étienne de La Boétie. Partons donc en exploration, à la recherche de ce que les psychanalystes appellent le « surmoi »…

---

1. Au sens propre du terme. L'enfant ne peut grandir que si on lui interdit de s'appuyer systématiquement sur une autre personne.

Partie 1

Du comptoir au divan

Un tribunal intime

De religieuses personnes qu'eût suffoquées le moindre mot jugé indé-
cent échangeaient volontiers, au salon, des détails hideux ou sales
concernant des agonies. Nous avons changé tout cela : nos amours
sont publiques ; nos morts sont comme escamotées. Il n'y a guère
à choisir entre ces deux formes de pudibonderie.

M. Yourcenar, *Souvenirs pieux*

Une notion très complexe

Certains termes du vocabulaire de la psychanalyse font désormais partie du langage courant. *Complexe, fantasme, Œdipe, projection, pulsion, refoulement*, etc., sont souvent employés, mais rarement dans leur sens exact. En revanche, le mot *surmoi* n'est guère utilisé du fait de sa complexité. Il existe d'ailleurs peu d'ouvrages consacrés au sujet, proba-blement parce qu'il s'agit d'une notion particulièrement délicate, difficile à accepter et à comprendre. Pour l'aborder, prenons d'abord un exemple.

> Danaé est une femme d'une cinquantaine d'années, légè-rement courbée, au regard fuyant, qui se sent facilement gênée. Les premiers mois de sa psychanalyse l'ont aidée à sortir d'une dépression qui s'aggravait de semaine en semaine après une rupture sentimentale.

Un jour, elle arrive en séance décidée à comprendre son manque de confiance en elle. Elle parle alors de sa très forte timidité lorsqu'elle était à l'école : elle n'osait pas parler de peur de se tromper et d'être ridiculisée par ses camarades. Aujourd'hui, Danaé se dit envahie par son anxiété et ses appréhensions, tout comme sa mère qui était « une grande stressée ». Elle se plaint de ne pas pouvoir se laisser aller : « C'est fatigant, il faut toujours faire attention à tout. » Elle ne sait pas rire et ne se sent pas gaie. « On doit bien se comporter », explicite-t-elle. Danaé prend conscience qu'elle avait besoin d'être encouragée, mais qu'elle ne l'a jamais été, pas même lorsqu'elle revenait de l'école avec de bonnes notes. Tout cela l'a poussée à devenir une « petite fille modèle ». « Je voulais être parfaite », conclut-elle.

Cette illustration met en évidence tous les ingrédients qui traduisent la présence du surmoi : ces « il faut/il ne faut pas », « toujours/jamais », « on doit/on ne doit pas »… Chez Danaé, il est même omniprésent.

Le surmoi est rarement nommé directement. Pour autant, comme un volcan, il signe sa présence et son activité par la fumée et la poussière qu'il dégage. Les expressions citées plus haut, auxquelles nous pourrions ajouter toutes les formules telles que « je suis obligé », « je ne peux pas faire autrement », « il n'y a qu'à », « cela ne se fait pas », « c'est normal », mais aussi les mots comme « totalement », « absolu », « pur », « parfait[1] » et leur contraire, révèlent l'existence d'un *règlement intérieur* qui agit en nous, sur nous et sur notre existence.

---

1. *Cf. Personne n'est parfait !* du même auteur.

Nous pouvons déjà définir le surmoi comme une « surveillance intérieure », un organe critique, siège du jugement, le tribunal intime de tous nos procès, contre nous-mêmes dans un premier temps, mais aussi indirectement et dans un second temps, contre les autres. Effectivement, dans bien des cas, nous ne tolérons pas chez quelqu'un ce que nous ne supportons pas chez nous. Nous nous jugeons et nous jugeons les autres selon les mêmes critères.

Bien souvent, le surmoi est confondu avec la morale ou la moralité. On le croit synonyme de *conscience*. Il correspondrait alors schématiquement au code de bonne conduite, voire au code d'honneur, d'un individu, qu'il soit hérité de sa famille et de son groupe social, ou – fait plus rare – issu de ses choix conscients au moment de l'adolescence et de l'entrée dans l'âge adulte. Cette conception n'est pas fausse, mais très incomplète et trop rudimentaire. Il sera nécessaire de préciser peu à peu les multiples facettes du surmoi.

Prisonnier de ses propres règles

De nombreux conflits[1] existent en chacun de nous, entre ce que nous souhaiterions penser, dire ou faire, et ce que nous n'osons même pas nous avouer, ce que nous nous interdisons de dire, ce que nous nous défendons de faire… Parfois, il est juste de nous retenir : nous n'allons pas tuer notre voisin parce qu'il n'est pas de notre avis, ou parce qu'il met sa télévision trop fort ! Souvent, au contraire, ces interdictions que nous nous infligeons nous limitent dans notre existence.

---

1. Les psychanalystes parlent volontiers de *conflictualité psychique*.

Pourquoi ne pas chanter avec nos amis, même si nous craignons de chanter faux ? Pourquoi ne pas aller danser et nous amuser avec les autres, même si nous sommes maladroits dans nos gestes, ou si nous avons peu le sens du rythme ? Pourquoi ne pas porter cette chemise d'une couleur un peu vive, alors qu'elle nous plaît ? Pourquoi ne pas nous inscrire à la formation à ce métier dont nous rêvons, même s'il est traditionnellement réservé à l'autre sexe ? Pourquoi ne pas épouser cette personne que nous aimons, même si elle n'est pas de notre confession ? L'énumération pourrait être bien plus longue…

À quarante-quatre ans, après une longue période de chômage qu'il a mise à profit pour développer ses talents artistiques, Miguel retrouve du travail. Au lieu de s'en réjouir et de se sentir soulagé (il va pouvoir enfin sortir de ses difficultés financières et retrouver son niveau de vie antérieur), il est agité par de nombreux tourments. Il craint de ne pas être accepté par ses collègues, de ne plus être à la hauteur, de perdre rapidement son poste, etc.

Aussi, il « se range », se normalise : il cherche à s'adapter à ce qu'il croit être les exigences de son nouvel environnement quotidien. « Vous comprenez, je ne peux pas aller travailler avec les cheveux longs ! Ce n'est pas possible, on ne me prendra pas au sérieux… » Il en fait presque une question de vie ou de mort. Il reprend alors l'uniforme morne et sombre que sa mère lui a imposé toute son enfance, puis son adolescence, lorsque, élève d'écoles privées strictes, il portait le costume bleu marine obligatoire…

En réalité, ses collègues l'auraient tout à fait accepté avec ses cheveux un peu longs et ses vêtements légèrement colorés ! Miguel s'est forcé à revenir à une « normalité » qu'il supposait *sine qua non* dans son entreprise, alors qu'elle n'était qu'idéalisée, fantasmée, en mémoire des prescriptions vestimentaires imposées au sein de sa famille et de son milieu scolaire.

Que de freins serrés imposés par le surmoi pour éviter de glisser vers l'inconnu ! Malheureusement, tous ces freins nous empêchent aussi d'aller de l'avant, et nous nous plaignons bientôt de notre immobilité. Voilà le retour de nos conflits intérieurs entre générosité et sévérité, élans et peurs, désir et angoisse...

Un règlement intérieur
hérité des parents

Commençons par quelques rappels de notre structure psychique.

Petite cartographie de l'esprit humain

On appelle « seconde topique » une avancée de la théorisation de la psychanalyse par Sigmund Freud, dès 1920. Elle en constitue un pan fondamental. Comme la « première topique »[1] (1899), il s'agit d'un essai de « cartographie de l'appareil psychique », organisée autour de trois instances :

- le *ça*, inconscient, est le lieu où naissent et croissent les pulsions. Il correspond à l'« inconscient primaire » : il est constitué des « premières images » (représentations) de la personne maternante et des « premières pulsions » (chez le nourrisson, le fait de téter et de se cramponner[2] à sa mère) ;

- le *moi*, partiellement conscient, est l'adaptation sociale de la personne, le siège de la rationalité, de l'affirmation et des images de soi. Il œuvre et s'exprime en tenant

---

1. Elle distingue le conscient du pré-conscient et de l'inconscient.
2. NACHIN C., *À l'aide, y a un secret dans le placard !*

compte à la fois de la réalité extérieure, des pulsions émergeant du ça et des requêtes du surmoi[1]. Il construit des « mécanismes de défense » qui, eux, sont principalement inconscients ;

- le *surmoi*, majoritairement inconscient, exerce une fonction critique et de contrainte, que nous allons étudier en détail. Il prend profondément racine dans le ça, ce qui explique qu'il soit très pulsionnel et peu accessible à la conscience.

Plus précisément, le surmoi désigne la structure esthétique (beau ou laid), idéale (prescriptions ou proscriptions), judiciaire (récompenses ou punitions), morale (bien ou mal) et sociale (valorisé ou dévalorisé) de notre psychisme. Cette définition mérite bien un ouvrage !

« Son rôle est assimilable à celui d'un juge ou d'un censeur à l'égard du moi[2]. » Le surmoi transcrit la culture ambiante en « ce qu'il faut faire » et « ce qu'il ne faut pas faire ». Cette instance sévère, souvent féroce, parfois cruelle, est essentiellement formée de prohibitions qui culpabilisent l'individu, mais aussi de pressions et d'exigences variées. Nous pouvons le comparer à un règlement intérieur : chacun de nous a le sien, avec ses directives et ses dispositions, ses limitations et ses mises en garde, ses recommandations et ses sanctions.

---

1. *Ibid.*
2. LAPLANCHE J. et PONTALIS J.-B., *Vocabulaire de la psychanalyse.*

Face aux pulsions

Pour expliciter la manière dont se constitue le surmoi, S. Freud part de l'émergence d'un mouvement pulsionnel chez le petit enfant.

Imaginons une pulsion agressive d'un grand frère qui voudrait pincer sa petite sœur pour la faire pleurer. Alors qu'elle apparaît, cette pulsion peut être contrariée par une force qui s'y oppose : le garçonnet sait que sa mère se fâchera s'il fait mal à sa sœur. Un conflit intérieur se déclare donc entre les deux poussées contraires.

Pour faire cesser ce conflit, qui le met intérieurement sous tension, l'enfant est prêt à renoncer à la satisfaction qu'il éprouverait en réalisant sa pulsion. Une frustration en découle, qui engendre en retour une autre pulsion agressive à l'encontre de sa mère. Le petit garçon voudrait lui dire qu'il la déteste ou lui donner un coup de pied pour la punir de ce qu'elle l'empêche de faire. Une telle réaction serait peu recevable du point de vue des conventions sociales ou des coutumes familiales. L'enfant va alors préférer se soumettre à l'autorité qu'il craint et dont il attend l'affection. Peu à peu, il « internalise » cette autorité et les exigences qui en émanent. Elles finissent par constituer pour lui un modèle interne, un référent intérieur.

Ainsi, le surmoi est dans un premier temps le lieu où s'organisent les mécanismes de contention et de contrainte face aux pulsions. Plus largement, et dans un second temps, il est également constitué des figures d'autorité internalisées[1] et de la mémorisation de leurs préceptes.

Vers l'autonomie

Chaque individu a la capacité de prendre du recul pour considérer ce qu'il est, la manière dont il agit et ce qu'il perçoit (de l'extérieur, comme de l'intérieur). Pour cela, il s'appuie sur ses sensations, ses émotions, ses sentiments, etc.

De fait, le surmoi apparaît suite à la prise en compte de l'existence d'une réalité extérieure, par exemple lorsque l'enfant prend conscience que ses actions ont une incidence sur son environnement. La réprobation de ses parents lui fait comprendre qu'il aurait pu éviter de leur désobéir ou d'agir d'une certaine façon. Dans la perspective freudienne, il est possible de supposer qu'en intériorisant l'autorité de ses parents, l'enfant les « tue » symboliquement. En tout cas, il s'en sépare et se libère peu à peu de leur tutelle. Il se saisit de leur capacité de jugement, quitte parfois à l'amender, et peut ainsi devenir progressivement autonome dans ses prises de décisions. Le surmoi guide l'enfant, l'aide à devenir indépendant et à faire des choix.

---

1. Les psychanalystes parlent d'*imago* pour désigner la façon dont l'enfant se représente intérieurement une personne importante pour lui (un parent ou un adulte de tutelle, par exemple).

L'interdit fondateur

Pour S. Freud, nous y reviendrons plus loin, l'étape fondamentale dans le développement de l'enfant est l'intégration
de l'interdit de l'inceste.

> Zoé, du haut de ses quatre ans, affectionne particulière-
> ment son père et souhaite lui plaire. Parfois même, elle
> voudrait l'épouser. À la suite d'une véritable demande en
> mariage, sa mère lui explique : « Tu ne peux pas te marier
> avec ton père, car non seulement tu es une enfant, mais
> en plus tu es sa fille ! C'est moi sa femme, son
> amoureuse. » La petite fille intègre peu à peu l'informa-
> tion, qui met fin à sa rêverie, et accepte sa déception.
>
> Quelques mois plus tard, elle rentre un soir de l'école et
> dit à sa mère qu'elle a un petit fiancé. La voilà libérée des
> jeux de miroir à l'intérieur de sa famille : elle s'ouvre vers
> l'extérieur. Elle délaisse peu à peu son souci de plaire à
> son père et sa rivalité avec sa mère...

C'est durant cette phase cruciale pour l'enfant (fille ou garçon) que le surmoi se met en place. L'interdit de l'inceste,
loi primordiale, sert de fondement à l'acceptation d'autres
interdictions et exigences, et permet de dépasser ses frustrations, puis surtout de se forger un idéal personnel.

Ainsi, le surmoi est un « foyer autonome de pouvoir et de
décision », à l'intérieur de soi, qui domine l'individu : « Sa
place dans l'espace psychique est au-dessus, comme les
parents le furent à l'origine[1]. »

---

1. PASCHE F., « Du surmoi ambivalent au surmoi impersonnel », in *Le
Passé recomposé*.

Autant de surmois que d'enfants

Fruit de l'intégration des défenses, interdits et recommandations des figures de tutelle, le surmoi est une instance critique, majoritairement inconsciente. Il passe les pulsions au
filtre des références internalisées par chacun. Ce qui est
défendu, prohibé ou exigé revêt une force plus ou moins
contraignante en fonction de l'éducation donnée à l'enfant
et de la façon dont il l'a lui-même reçue.

Des enfants ayant les mêmes parents ne vont ni constituer le
même type de « règlement intérieur », ni l'appliquer avec
la même sévérité. Ces différences proviennent :

- des phases du développement de l'enfant durant lesquel-
  les les parents ont transmis certaines informations édu-
  catives avec plus ou moins de conviction, d'émotion et
  de force ;

- des évolutions des principes parentaux au cours du temps ;

- des exigences des professeurs à l'école qui ne sont pas
  toutes semblables.

Au-delà de ces variations, les enfants vont se constituer des
règles de conduite plus ou moins strictes, en fonction de
leur place dans la famille, de la façon dont ils y ont été
accueillis, mais aussi de leur tempérament propre et de leur
sensibilité personnelle. Le « gendarme » interne n'est pas le
même pour tout le monde…

Néanmoins, en gardant à l'esprit toutes ces possibilités de
variations personnelles, il est important de mettre également en évidence la composante du surmoi liée à la morale,
telle qu'elle s'impose à l'individu, de l'extérieur.

L'influence de la culture ambiante

Même s'il se constitue, fonctionne et se manifeste de façon structurellement équivalente pour toute personne sur la planète, le surmoi est aussi façonné par la culture ambiante. Par exemple, si nous établissons un panorama des feuilletons télévisés (et de certains films grand public) aux États-Unis depuis une dizaine d'années au moins, nous constatons à quel point les préoccupations culturelles de ce pays tournent autour de certains grands thèmes, de façon souvent obsédante :

- la mort, la catastrophe, l'accident (ou leur éviction délibérée, ce qui revient au même du point de vue de l'inconscient) ;

- le sexe, de l'adolescence – voire plus tôt – à l'âge le plus avancé : tout le monde « ne pense qu'à ça » (même ceux qui le refusent), avec une dérive vers une culture de masse de plus en plus pornographique ;

- la famille, omniprésente, que l'on veut montrer unie, avec ses valeurs de bonheur, de loisir, de travail, et en son sein une communication factice qui permettrait de tout partager (drogues, émotions, récits impudiques d'expériences sexuelles, etc.).

Ces feuilletons et films proposent généralement aussi une « psychologisation » à outrance, souvent « sauvage », c'est-à-dire brutale et réductrice, selon des schémas extérieurs prédéfinis qui encombrent l'esprit du spectateur et l'empêchent de découvrir ses ressorts intérieurs. Cette culture ultra-individualiste, qui voudrait faire croire au développement de la personne, montre en réalité des êtres centrés sur leur ego, tous tellement semblables au fond... Par ailleurs, l'arrière-plan religieux est très marqué, plus moral que vraiment spirituel (comme s'il fallait en même temps prouver une certaine forme de « pureté » et de « bonne conscience »).

Ainsi, qu'elle soit exprimée verbalement ou intériorisée, la morale est une contrainte imposante et imposée, à soi et à l'autre (parfois à soi plus qu'à l'autre, ou à l'autre plus qu'à soi). Elle est pulsionnelle par nature[1], car elle pousse à faire ou à ne pas faire. Qu'elle soit libertine ou puritaine, la morale est, avant tout, une affaire de jouissance : jouir et bien le montrer, jouir tout en le cachant, faire semblant de ne pas jouir tout en jouissant, faire mine de jouir pour être comme les autres, ou même jouir de ne pas jouir (de la même manière que les autres tout du moins) !

Tous les repères mentaux ainsi véhiculés vont participer à la formation du surmoi des Américains. Dans un tel environnement socioculturel, ce surmoi sera probablement assez différent de celui d'un enfant grandissant en Afrique subsaharienne, au Népal ou en Finlande.

Nous voyons à quel point la notion de surmoi est complexe. Pour qu'elle ne reste pas abstraite, nous allons maintenant la préciser...

---

1. La fameuse formule éducative « action, réaction » proposée dans le film *Les Choristes* en est un exemple frappant. Il s'agit de sanctionner immédiatement un pensionnaire qui fait une bêtise, même minime.

Quand le surmoi
dicte nos comportements...

Le surmoi mérite bien son nom : il est au-dessus du moi, il le surplombe en faisant autorité, voire pression, sur lui. Ce système ne peut toutefois être réduit au « gendarme intérieur » ou à la « grosse voix ». Les injonctions du surmoi peuvent être répertoriées en cinq familles principales, souvent en contradiction les unes avec les autres. Les voici...

Le gouvernement prohibitif

« Plaisir interdit ! » Cette injonction vient de l'internalisation des personnes (parents, éducateurs et professeurs) qui posent les interdits durant l'enfance. Soit le plaisir lui-même est interdit, c'est le cas du vrai puritanisme ; soit le parent est gêné par la notion de plaisir et, pour s'en protéger, il va l'interdire à l'enfant (un père peut par exemple interdire à son enfant de lui faire des câlins, car il se sent mal à l'aise avec la sensualité, qui est pour lui liée à la sexualité).

Une force répressive en soi engendre alors la culpabilité, la gêne ou la honte lorsqu'un plaisir prohibé est éprouvé (même s'il ne s'agit que de regarder un dessin animé à la télévision pour un enfant ou de manger une glace pour un adulte au régime).

Une variante de cette injonction est : « Pas de plaisir ! »
Dans cette forme de puritanisme austère, la volupté semble
impensable, elle n'a pas droit de cité. Parfois, cet ostracisme
ne s'applique qu'à une partie de la communauté, les femmes
par exemple…

> Dans une famille de culture « machiste » où la virginité
> des filles est survalorisée, une jeune femme d'une tren-
> taine d'années, pourtant désormais indépendante, est
> restée marquée par la mainmise et la surveillance de son
> père, de ses oncles et de ses frères sur sa sexualité. Elle
> en garde une insensibilité vaginale et une froideur affec-
> tive qui la privent d'une vie sexuelle épanouie.

Enfin, « Attention, plaisir suspect ! » serait une formule
atténuée de cette prohibition, poussant à la méfiance, donc à
une attitude de réserve face aux élans de la vie.

Le directoire, maître de la jouissance

« Allez, jouis donc ! », « Qu'attends-tu pour t'éclater ? »,
« Il faut bien profiter ! »… Ces injonctions viennent de
l'internalisation des référents valorisant la satisfaction des
pulsions, immédiate si possible. Celle-ci s'effectue souvent
au détriment du respect d'autrui, et favorise l'égocentrisme,
voire l'abus et le cynisme[1].

---

1. Cela concerne notamment les adultes incestueux… Le film *Festen* de
   Thomas Vinterberg (Danemark, 1998) montre par exemple comment ce lourd héritage se transmet d'une génération à l'autre.

> Un père de famille d'apparence débonnaire emmenait son fils « reluquer » les prostituées le soir – avec la complicité silencieuse de la mère – et lui proposait des films pornographiques comme divertissement dès son plus jeune âge. Cet homme dégradant a créé chez l'enfant, hébété, enfermé dans l'échec scolaire, une contrainte interne très puissante et complètement obsessionnelle par rapport à la jouissance sexuelle. Son fils passait son temps à se masturber : aucune autre activité ne lui semblait digne d'intérêt…

« Amuse-toi bien ! » et « Prends du bon temps ! » constituent une forme très atténuée et discrète de la recherche du plus grand plaisir ou du moindre déplaisir. Elle situe la question du confort selon une nouvelle perspective : celle d'une contrainte interne, plus que d'un goût personnel. Ainsi, certaines personnes vont avoir tendance à rechercher plus de confort qu'elles n'en ont réellement besoin, en se conformant au niveau de confort inculqué par leur milieu social ou leur famille. De même, les personnes dont le « règlement intérieur » est moins strict se contenteront bien souvent plus facilement et plus souplement de conditions de travail ou de vie qui sembleraient inacceptables à d'autres…

Nous voyons qu'une contradiction peut apparaître entre ces deux premières grandes formes de contraintes (prohibition du plaisir/exhortation à la jouissance). Un tel conflit générera un « symptôme », dont le but est de s'approcher de la jouissance, ou tout au moins du plaisir, sans pour autant l'atteindre[1].

---

1. Pour saisir la différence importante entre jouissance (égotique) et plaisir (partagé), se reporter à l'ouvrage *Vivre en relation*, du même auteur.

Le régime sadique

« Soumets-toi ! », « Laisse-toi faire et ne dis rien ! », ou
même « Souffre et jouis-en ! » sont les ordres proférés par une
figure autoritaire cruelle, qui érotise[1] son lien à l'autre en l'y
enfermant, pour l'humilier et le rendre impuissant, ou pire, le
déshumaniser. Le bourreau cherche (et force) la complicité de
sa « victime », qui fait preuve de docilité complaisante.

De si terribles injonctions peuvent induire des conduites de
type masochiste si elles sont supposées « normales » par la
personne, qui les admet comme éléments constituant sa
propre personnalité. Pour S. Freud, en effet, un individu
masochiste n'ose pas agresser l'autre malgré son envie. Il cherche donc à subir ce qu'il aimerait faire aux autres, et le vit par
procuration : paradoxalement, le masochiste jouit donc – lui
aussi – de la férocité dirigée contre sa propre personne !

Le film *The Magdalene Sisters*[2] évoque la cruauté particulièrement féroce d'une maison de redressement en Irlande
pour « jeunes filles de mauvaise vie », selon les critères
sociaux de l'époque (le début des années soixante). Les
religieuses de cette institution « cassent » et « écrasent »

---

1. Sauf exception, cette érotisation n'est pas flagrante, loin de là. Elle
   est plutôt sous-jacente, insidieuse, voire inconsciente. Elle est néanmoins présente, comme dans tout rapport induit par une pulsion de
   l'adulte vis-à-vis du corps de l'enfant. C'est une des raisons pour les-
   quelles il est vital que les parents apprennent à éduquer leurs enfants
   sans aucun recours à la violence physique…
2. Peter Mullan, Irlande, 2002. Ce film a obtenu le Lion d'or à Venise
   l'année de sa sortie.

> ces jeunes femmes, au point de façonner en elles des comportements aberrants de complète soumission ...
>
> Leur terrible destin finit par sembler inévitable aux « pensionnaires malgré elles » de cet établissement... sauf pour celles, très rares, qui ne croient pas à la fatalité. Après plusieurs tentatives, trois d'entre elles échappent à ce système de tortionnaires, l'une par la plongée dans la folie, les deux autres en réussissant à s'évader.

Dans une moindre mesure, le fameux « Sois belle et tais-toi ! » fait encore malheureusement partie de l'éducation de certaines filles qui ne croient pouvoir exister, face aux hommes notamment, que dans des rôles de « potiches », de « mannequins » ou de « belles plantes ». Elles ne peuvent ni exprimer leur sensibilité et leur intelligence, ni remettre en question l'ordre phallocratique qu'elles confortent et auquel elles se soumettent en en acceptant les injonctions.

La tour de contrôle idéaliste

« Sois parfait ! » Cette contrainte a pour origine les références idéologiques, le modèle à atteindre, les croyances historiques, mythologiques, voire religieuses, de la famille ou du groupe social. La pression qui en résulte est parfois tellement forte que l'exigence de perfection peut conduire à des comportements de fuite du type « je ne suis pas capable », « je n'y arriverai jamais », « je ne suis pas comme les autres », etc. Elle est aussi la source de fortes hontes chez des personnes sensibles, qui ne supportent pas leur part d'ombre à cause de l'idéal de perfection inaccessible que leur ont imposé leurs parents...

> Dans une famille de « hippies » apparemment très « cool »,
> Sarah grandit adulée par un père obnubilé par une histoire
> décousue avec son amante, et une mère dépressive, très
> pessimiste. Malgré leur discours qui la porte aux nues, les
> parents ne s'occupent pas de leur enfant. Il ne la voit pas
> comme un être humain unique, doué d'une sensibilité pro-
> pre, mais comme un fantasme d'enfant merveilleux.
>
> Devenue adolescente, puis adulte, Sarah se durcit et
> s'enferme dans ce rôle idéal qu'elle a joué dans l'imagi-
> naire de ses parents, puis par imprégnation dans le sien :
> elle ne supporte aucune imperfection de la part de qui-
> conque autour d'elle. Elle se retrouve par conséquent
> seule, très malheureuse, incapable de construire de vraies
> relations affectives amicales ou amoureuses, angoissée,
> et désespérée de se sentir si peu exister, si peu vivante.
> Le temps passe, elle finit par se croire « maudite »...

S'imposer la perfection rend impossible la rencontre avec la
personne « idéale » et génère des célibats forcés. Le fait de se
croire « maudit », « sale », ou au contraire « exceptionnel »,
« trop petit », « trop fragile », etc., fige la personne dans une
conception d'elle-même préconçue et réductrice. Cette
croyance l'empêche d'exploiter ses potentialités, et la restreint
à ce qu'elle imagine obligatoire, convenable ou admissible.

Lorsque la coercition et la sévérité du gouvernement intérieur sont trop grandes, le surmoi est « expulsé » à l'extérieur[1], et la personne cherche :

* soit à s'engager ou à se reconnaître dans une société
  répressive (milices de toutes sortes, mais également col-

---

1. FREUD S., *Essais de psychanalyse.*

laboration plus ou moins active aux régimes dictatoriaux et totalitaires) ;

• soit à devenir « criminelle par sentiment de culpabilité », en tentant de trouver délibérément des punitions extérieures réelles, en remplacement et pour soulager les accusations irrépressibles qu'elle vit à l'intérieur d'elle-même.

Le conseil protecteur

Nous voici arrivés à l'aspect le plus méconnu et le plus vitalisant du surmoi.

« Aie confiance ! », « Continue comme ça ! », « Fais au mieux pour toi ! », « Félicitations ! », « Ne t'inquiète pas ! », « Prends ton temps », « Protège-toi ! », « Tiens bon ! », etc., sont des invitations d'une tout autre nature. Elles viennent aider, elles visent à maintenir le cap, à se mettre à distance, à se dépasser, à prendre soin de soi, à se réaliser, à soutenir son effort... La présence parentale intériorisée vient créer, en soi-même et pour soi-même, une capacité bienveillante de consolation, d'encouragement et de réconfort. De surcroît, ce pôle d'assistance, de félicitation et de sollicitude permet le développement d'une force intérieure qui s'appuie sur une observation fine de soi, de la situation et des autres. La possibilité de prendre du recul, même dans des situations difficiles, favorise un regard plus détendu, donc également le recours à l'humour...

Dans ce cas, il n'est plus question de « gouvernement » ou de « code de conduite », mais seulement d'un gouvernail pour mieux se diriger ; il ne s'agit pas d'un enfermement dans des préceptes, mais d'un cadre rassurant, vecteur de

réussite. Ainsi, des enfants ayant eu des parents plutôt sévè-
res, mais fiables, clairs et justes, font preuve d'une forte auto-
nomie, d'une grande confiance en eux et d'une vraie liberté
de pensée. Au contraire, des enfants molestés sans raison par
des parents capricieux, ou abandonnés à eux-mêmes par des
parents laxistes, s'angoissent rapidement à défaut de cadre
intérieur, se limitent eux-mêmes avec une sévérité exagérée
et se sentent facilement coupables.

Une variante moins dynamisante de cet aspect « protec-
teur » du surmoi concerne la santé : un excès de zèle dans ce
domaine peut facilement devenir étouffant pour l'enfant. Ce
dernier, en grandissant, continuera à se surprotéger, à éviter
de façon rigide certains aliments ou certaines activités qu'il
croit dangereux pour lui, et à craindre exagérément
d'« attraper une maladie »…

> James reconnaît en souriant avoir eu une « mère poule »,
> qui passait son temps à lui donner un médicament pour
> ceci ou cela, à le gaver de vitamines, à s'inquiéter qu'il
> prenne froid et à lui interdire de manger de la viande ou
> certains aliments qu'elle tenait pour nocifs.
>
> Certes, sa mère était pour lui « la meilleure des mères »,
> attentive et affectueuse, mais lorsqu'il se maria, James se
> rendit compte que toutes ces habitudes protectrices
> l'avaient rendu à la fois timide, rigide et peureux, pour lui-
> même autant que pour ses proches.

Les mécanismes du surmoi

Nous venons de voir à quel point le surmoi, cette « juridiction » qui nous surplombe, peut être :

- soit un organe de surveillance plus ou moins autoritaire, contraignant et répressif ;

- soit au contraire une force permissive poussant à jouir tant et plus, voire à maltraiter ou à se laisser abuser ;

- soit enfin une tutelle bienveillante et protectrice, favorisant la vie.

Le surmoi est une instance psychique ambivalente, lieu autant que fonction d'approbation, de désapprobation, de réprobation et d'injonction à la jouissance.

Le tableau suivant, qui regroupe ses mécanismes, permet de se rendre compte à quel point le « tribunal intime » est constitué d'éléments à la fois intérieurs et extérieurs à la personne.

Mécanisme	Registre	Fonction	Exemples
Interdit	Éthique Lois humaines	Civilisation Humanisation Socialisation	Inceste, cannibalisme, meurtre, parasitage, viol, torture
Principe	Conscience morale Philosophie	Civilisation Citoyenneté Réflexion	Respect d'autrui Liberté d'expression Égalité des chances
Impératif	Conscience morale	Ordre Structure	Lois sociales Règles
Protection	Sollicitude Confiance Bienveillance	Tutelle Soutien	Encouragement Réconfort
Responsabilité	Éthique Idéal	Pacification Coopération	Échange Négociation Transaction
Croyance	Idéal	Références	Religion Philosophie
Valeur	Morale de classe Bienséance et esthétique	Appartenance Socialisation restrictive	Goûts et dégoûts, préférences, répulsions, etc.
Tabou	Censure Refoulement	Cohésion sociale Consensus	Maladie grave Mort, sexualité
Totem[a]	Mobilisation Motivation	Cohésion sociale Consensus	Bonheur Santé
Défense	Prohibition	Socialisation Sécurité	Violence physique Propriété privée
Procès	Tribunal	Ordre Règlement des conflits Sanction	Accusation, condamnation, jugement
Dette[b]	Culpabilité	Solution des différends	Dédommagement Réparation

Mécanisme	Registre	Fonction	Exemples
Humiliation	Haine Honte Cruauté Dégradation, souillure, soumission	Pouvoir et domination Asservissement	Injure[c] Maltraitance Punition
Jouissance	Individualisme Matérialisme Négation-nisme[d] Utilitarisme	Abus Aveuglement Chosification Confort Profit	Sexe, nourriture, drogues, alcool, consommation, etc.

a. Dans les sociétés primitives, les totems étaient des objets particuliers qui revêtaient une force symbolique très grande et autour desquels un culte avait lieu. De nos jours, les totems ne sont plus des objets, mais des valeurs très importantes pour un groupe social, comme le bonheur, la réussite, la santé....

b. La notion de dette peut aller du sentiment de devoir quelque chose à une personne qui nous a rendu service à la culpabilité de devoir la vie à ses parents.

c. Toute insulte est le fruit direct du surmoi, dans la mesure où c'est une pulsion qui vise à juger et à dévaloriser.

d. Jouissance éprouvée dans le fait de nier l'évidence, de détruire.

Allons un peu plus loin…

La naissance du surmoi selon S. Freud

La moralité moderne veut que l'on accepte les normes de son époque.
Qu'un homme cultivé puisse accepter les normes de son époque
me semble la pire des immoralités.

O. Wilde

S. Freud, le père de la psychanalyse, a découvert les manifestations et les modalités psychiques du surmoi grâce à l'écoute de ses patients au fil de très nombreuses années de pratique. Il a montré en particulier que le surmoi et ses fonctionnements se retrouvent dans toutes les configurations psychiques sans exception et dans toutes les interactions relationnelles. Nous sommes tous concernés, à tout moment…

Premières esquisses

Les premières intuitions de S. Freud sont publiées dès 1914. Dans *Pour introduire le narcissisme*, il présente une « instance d'observation, de mesure, de critique et de comparaison » qui surveille le moi. Il y révèle déjà le conflit qui ne manque pas de surgir entre les pulsions de l'individu et la morale sociale (coutumes, mœurs et usages).

En 1921, dans *Psychologie collective et analyse du moi*, il présente les principales fonctions du surmoi : observation de soi, conscience morale, censure (notamment lors du rêve) et forces de répression internes menant au refoulement. Cette instance de contrôle prend forme dès le plus jeune âge, l'enfant choisissant comme modèles dans son entourage des attitudes et des comportements qu'il trouve valeureux ou valorisants. C'est une première façon pour lui de commencer à tenir compte des autres, de leurs apports, de leurs réserves, de leur manière de communiquer, d'exister, de penser...

Entrée en scène

En 1923, *Le moi et le ça* confirme le caractère majoritairement inconscient du surmoi. En Allemand, la construction du terme est la même qu'en Français : *sur-moi*, ou *über-ich*, désigne ce qui est « au-dessus du moi ». Le préfixe adverbial *sur* indique d'une part une forme d'aspiration à s'élever, à aller vers un idéal, et d'autre part une autorité supérieure, un organe de surveillance...

Le surmoi est d'origine auditive : il se crée dans la confrontation au réel, plus spécialement à partir de phrases ou de formules verbales entendues par l'enfant[1]. Son fondement correspond fréquemment à une opposition (« tu dois/tu ne dois pas ») constituée à partir de modèles (les parents, mais aussi les aînés ou les adultes de l'entourage familial et

---

1. À partir du moment où l'enfant sait bien lire, son surmoi se nourrira aussi de ses lectures.

© Groupe Eyrolles

social). Le surmoi plonge ses racines dans les « états de dépendance », notamment les situations de détresse. En effet, plus l'enfant est démuni, plus il dépend de ses parents pour survivre, et plus leur parole a de poids.

En 1924, dans *Le déclin du complexe d'Œdipe*, le surmoi est présenté comme l'« héritier du complexe d'Œdipe ». L'enfant a réussi à accepter qu'il ne peut vivre quelque forme de sexualité que ce soit avec sa mère (ou son père), donc tout adulte, et que l'amour sexualisé ne peut être vécu qu'en dehors de la famille. À partir du moment où l'enfant sait de lui-même – c'est-à-dire sans attendre une sanction – ce qu'il peut ou ne peut pas faire, il prend conscience que la loi existe.

Le surmoi est ainsi, pour une part, constitué des traces des expériences sociales vécues dans le monde extérieur, notamment en famille et à l'école.

Les racines du surmoi

En 1929, S. Freud indique dans *Le malaise dans la culture* la manière dont l'agressivité d'un individu, réprimée par l'environnement social, se retourne contre lui-même et vient nourrir la puissance répressive de son surmoi. L'auteur émet aussi l'idée d'un surmoi « collectif », qui surplombe la communauté sociale et la contraint en induisant la crainte de ne pas être conforme, donc d'être rejeté et sanctionné par les autres membres. Le groupe joue alors le rôle de parents et sert de relais aux figures de tutelle de l'enfance.

En 1932, dans les *Nouvelles conférences sur la psychanalyse*, S. Freud précise que le surmoi est façonné par les

« vicissitudes de la relation d'altérité ». Contrairement aux idées reçues, « ce n'est pas la conscience morale qui produit le renoncement aux pulsions, mais bien plutôt le renoncement aux pulsions (induit par ces vicissitudes) qui engendre la conscience morale et la renforce ». Selon une vision pessimiste, le surmoi balance du côté de la « pulsion de mort[1] » : il est alors destructeur et déstructurant.

Enfin, en 1938, le psychanalyste viennois reprend dans son dernier ouvrage, *L'homme Moïse et la religion monothéiste*, le mythe de *Totem et tabou* (1912). S. Freud avait essayé d'expliquer la loi et les organisations sociales en imaginant le mythe fondateur de l'humanité. Dans ce mythe, les hommes préhistoriques vivaient en horde, dirigée par un mâle dominant. Le chef de horde était le seul mâle à pouvoir disposer de toutes les femelles à sa guise. Un jour, les hommes de la horde se rebellent et tuent leur chef pour s'attribuer ses prérogatives. Au lieu de jouir de la situation, ils sont tellement envahis par la culpabilité d'avoir assassiné leur meneur qu'ils en font un totem. Les interdits que ce dernier imposait avant sa mort deviennent encore plus infranchissables.

Selon cette vision de S. Freud, le surmoi prend sa source dans le meurtre du chef de la horde tout autant que dans la culpabilité et le remords qui en résultent. La violence meurtrière s'imbrique dans la question de la faute : le questionnement

---

1. Nom donné par S. Freud à la tendance qu'ont les êtres humains soit à la destruction, soit à l'inertie, l'immobilisme, soit à la répétition, notamment de ce qui est difficile (cauchemars, reproduction sur soi ou sur autrui de traumatismes vécus, etc.).

sur soi-même, sur la relation et sur la vie qui s'ensuit permet alors l'émergence de la pensée, puis du langage. Pour tout être humain, le plus important est l'élévation de la conscience de soi, et non la réponse docile aux exigences idéales et normatives de tel ou tel corps social.

L'interrogation sur la culpabilité, ou « dette[1] », mène S. Freud à parler de la détresse fondamentale du nourrisson et du petit humain complètement dépendant de l'adulte qui s'occupe de lui. De cette situation découle, chez l'enfant, la soumission qu'il imagine nécessaire aux figures parentales, dans une croyance quasi aveugle de leur « devoir la vie ». La peur de perdre leur sollicitude, trop souvent confondue avec l'amour, pousse l'enfant à idéaliser ses parents et à leur obéir, et le rend docile aux contraintes des adultes, qu'il intègre peu à peu[2]. Il façonne ainsi son propre « règlement intérieur », ce surmoi que S. Freud a eu le génie de mettre patiemment en lumière...

---

1. Dans les langues germaniques, *culpabilité* et *dette* se disent de la même façon (par exemple *Schuld* en allemand).
2. L'angoisse devant l'autorité extérieure, même à l'âge adulte, est un reliquat de ce mécanisme infantile.

Les apports complémentaires
de S. Ferenczi et Melanie Klein

L'ami intime et collègue le plus proche de S. Freud fut le médecin hongrois Sandor Ferenczi[1] qui, le premier, créa une chaire de psychanalyse à l'université de Budapest. Tout en reprenant les conceptions freudiennes, ce clinicien génial et passionné précisa la notion de surmoi de façon très éclairante.

Nous avons pu constater le rôle déterminant des parents dans la constitution d'un cadre de référence pour l'enfant. Aussi est-il primordial qu'ils ne l'encombrent pas inutilement de leurs angoisses, croyances et fantasmes. S. Ferenczi insiste sur l'importance d'écouter l'enfant, afin de laisser émerger sa propre compréhension du monde et de la réalité. En dehors des grands interdits, qu'il connaît intuitivement et qui lui sont confirmés par les adultes, l'enfant gagne à développer sa sensibilité personnelle, sa perception et sa propre capacité de discernement.

---

1. Sandor Ferenczi faisait partie des pionniers de la psychanalyse. Ses collègues lui adressaient les personnalités les plus difficiles. Sa finesse remarquable, son intuition, son ouverture d'esprit et sa grande sensibilité le disposaient à accomplir une tâche aussi exigeante. Son expérience continue aux frontières et aux côtés de la folie lui a permis d'élaborer une œuvre originale et novatrice.

En 1927, S. Ferenczi affirmait qu'il n'est pas opportun d'interpréter les paroles de l'enfant, ni même ses jeux et ses dessins : « Nous devrions plutôt apprendre des enfants, qu'eux de nous. Les symboles sont le langage des enfants, il n'est ni nécessaire ni utile de leur enseigner comment les utiliser[1]. » La position de S. Ferenczi est particulièrement claire quant à ce qui favorise la constitution d'une véritable liberté de pensée dès l'enfance...

Les dégâts de la trivialité

Concernant le surmoi « maître de la jouissance[2] », le rôle des parents ou de l'environnement adulte est là encore déterminant. S. Ferenczi étudie l'utilisation de mots triviaux. Les termes obscènes ont la particularité de contraindre « l'auditeur à se représenter l'objet nommé, l'organe ou les fonctions sexuelles dans leur réalité matérielle[3] ». En dehors de l'effraction intime, de l'intrusion brusque d'ordre sexuel que cela représente, l'utilisation de l'obscénité confronte l'enfant à la brutalité des forces pulsionnelles. Les fantasmes de l'adulte sont alors imposés à l'enfant et le meuvent malgré lui, ce qui génère dans son esprit une obnubilation pour le

---

1. Lors d'un congrès de psychanalyse, en réponse à Melanie Klein (voir plus loin). Lire également, du même auteur, « L'adaptation de la famille à l'enfant », in *Psychanalyse IV.*
2. Voir Partie I, chapitre « Quand le surmoi dicte nos comportements ».
3. FERENCZI S., « Les mots obscènes, contribution à la psychologie de la période de latence », in *Psychanalyse I.*

sexe et la jouissance. Par ailleurs, S. Ferenczi repère que de tels propos traduisent une volonté d'agir sur son interlocuteur (ici l'enfant) : « La plaisanterie grivoise nous donne nettement l'impression de commettre une action. »

Les traumatismes

La question du trauma[1] est centrale chez S. Ferenczi. Pour lui, l'identification de l'enfant aux figures d'autorité (les parents le plus souvent) permet la construction de l'instance d'approbation et de réprobation qu'est le surmoi. Que se passe-t-il alors en cas d'agression de l'enfant par un adulte, que cette agression soit visible, éclatante et ponctuelle, ou au contraire sournoise, répétée et indécelable ?

Selon S. Ferenczi, l'enfant inclut en lui les épisodes douloureux de son histoire, comme s'ils faisaient désormais partie de lui. Il est choqué et marqué par la cruauté de l'agression qu'il subit et s'en croit responsable. Par conséquent, il « absorbe » cette cruauté, qui vient alimenter son tribunal intérieur, le complexifiant et intensifiant sa férocité. Plus encore, au moment de l'agression, l'enfant va « prendre en lui » la personnalité malade et déshumanisée de son agresseur, allant jusqu'à ingérer (sans les digérer) la jouissance, la honte, l'excitation, la culpabilité… et même l'injonction au

---

1. Terme utilisé pour désigner les traumatismes psychiques.

secret[1]. Il conservera alors toute sa vie – à moins de réussir à s'en débarrasser par une recherche sur lui-même – une part étrangère en lui qu'il ne comprend pas.

Ainsi, le surmoi se constitue à partir de toutes les situations, de toutes les paroles, de toutes les émotions, de tous les actes et de tous les événements extérieurs qui influencent l'enfant, *y compris des traumatismes* qu'il endure.

> Paul avait une mère puritaine, pudibonde, très investie dans un mouvement religieux proche de l'intégrisme. Elle ne supportait pas d'entendre parler de sexualité, même de façon poétique et pudique. Lorsqu'elle était trop gênée, si elle ne pouvait se retirer, elle était secouée d'un rire aigu de toute petite fille.
>
> En revanche, le père de Paul était un jouisseur cynique. Exhibitionniste sans scrupule et trivial dans ses moindres propos, il avait très tôt « incité » son fils à la misogynie, à la pornographie et à la prostitution[2], y compris par des pratiques incestueuses.
>
> Le ciment commun entre ces deux êtres était un goût prononcé pour le secret, un art raffiné qu'ils avaient transmis en héritage à leurs enfants.

---

1. L'enfant victime se retrouve ainsi « surchargé » du surmoi de son violenteur. Ce mécanisme est nommé par Ferenczi « identification à l'agresseur ». En réalité, il s'agit d'une « inclusion de l'agresseur et de l'agression », inclusion qui se traduit parfois par une « imitation du profanateur ». Voir « Inversion d'affect en rêve », in *Psychanalyse II*, « Le rêve du nourrisson savant », in *Psychanalyse III*, et surtout *Confusion de langue entre les adultes et l'enfant*.
2. D'après l'expérience clinique, ces trois ingrédients semblent souvent aller ensemble…

Paul a longtemps fonctionné selon cette configuration paradoxale. À l'aube de la cinquantaine, il est désormais célibataire, après quelques tentatives infructueuses de mise en ménage. Il ne parvient pas, tout à la fois, à être misogyne – comme il croit devoir l'être « pour être vraiment un homme » – et à s'investir dans une relation affective. Si une femme porte un vêtement trop court dans la rue ou au travail, Paul s'en offusque. Cela ne l'empêche pas le même jour de « perdre sa soirée à regarder des sites de cul », selon sa propre terminologie. D'un côté pour être « propre », il faut ne pas ressentir de plaisir, ou en tout cas ne pas le montrer du tout. D'un autre côté pour « jouir au maximum », il faut être « sale » et se cacher (le fait de braver la morale puritaine semble ajouter à l'excitation).

Secret, morale et jouissance ont fait alliance dans cette famille, au point d'interdire aux enfants devenus adultes (les filles plutôt puritaines comme leur mère, les fils « obsédés par le cul[1] » comme leur père) toute vie amoureuse...

Cet exemple n'est malheureusement pas rare. Nombreuses sont les personnes entravées dans leur capacité d'expression et freinées dans leur développement humain, qui fonctionnent sur un mode caricatural issu de leur famille !

Le cas particulier du surmoi incestueux

Partons de la tragédie de l'inceste par le père, prototype de tous les incestes, puisque le père, qui est censé ouvrir l'enfant aux autres, est le représentant de la Loi (symbolique). Toutes

---

1. Même s'il peut paraître indécent, le vocabulaire familial a été repris ici volontairement. Ce n'est pas par hasard si Freud précisait en 1923 que les mots utilisés dans l'environnement de l'enfant jouent un rôle très significatif dans la constitution de son surmoi...

les formes d'inceste et d'abus sexuel de l'enfant ou de l'adolescent produisent malheureusement le même désastre, le même effet dévastateur…

La personne qui abuse d'un enfant ne le fait généralement pas pour assouvir une pulsion sexuelle, mais pour assouvir une pulsion de destruction : il s'agit d'une mise en œuvre de la haine[1]. La présence continue, même masquée et sous-jacente, de la haine dans une famille, notamment chez l'un ou l'autre des parents, perturbe profondément le développement psychique de l'enfant, jusqu'à pouvoir le rendre fou.

Dans le cas d'un inceste par le père, s'inscrivent au niveau du surmoi de l'enfant :

- une soumission au père et aux figures paternelles (dans la terreur pour l'enfant, la symbiose et la jouissance pour le profanateur) ;

- une négation radicale du féminin[2], un dénigrement systématique de la féminité et de la femme (misogynie), avec une survalorisation de la jouissance phallique (machisme) ;

- une impossibilité de s'appuyer sur le père comme référent, ce dernier étant en rivalité avec les enfants (principalement les garçons, car leur indépendance, leur

---

1. *Cf.* du même auteur, « Haine, envie, jalousie : psychanalyse du désastre », *Le Coq-Héron*, et *Personne n'est parfait !*.
2. Le féminin correspond à la sensibilité. Le profanateur considère l'enfant comme sa chose et nie qu'il a une sensibilité propre, sinon il ne pourrait commettre un tel acte de destruction.

agressivité et leur affirmation sont vécues comme insupportables, donc condamnées et réprimées) ;

- un investissement du corps, non comme « véhicule de l'âme » ou manifestation sensible d'une existence singulière, mais seulement comme objet sexuel, agent de la jouissance ;

- une dégradation de la sensibilité, avec dévalorisation – voire entrave – des capacités créatives et de pensée.

Dans ces cas-là, il n'est pas étonnant de voir le « gouvernement intérieur » devenir de plus en plus despotique et se retourner contre l'enfant lui-même. Il peut le mener, dans sa vie d'adulte, vers le suicide, la dépression grave ou l'addiction lourde.

Aurélia, âgée d'une quarantaine d'années, émerge peu à peu d'une longue et profonde dépression. Fillette, elle a été violée par son père, qui passait le plus clair de son temps à la punir, à se moquer d'elle et à la terroriser. Bien des fois, elle a dit à son psychanalyste, après de longs silences durant lesquels elle revivait les moments de sidération de son enfance : « je suis un cadavre », « je sens le cadavre », ou encore « je me vois à côté de mon cadavre ». Elle exprimait par là que son âme était « morte ». Elle se sentait perdue, dans un « désert blanc, sans air, sans bruit, sans trace », inerte, incapable de réfléchir et de bouger.

Aurélia s'est souvent considérée comme un « monstre », avant de comprendre qu'elle était habitée, jusqu'au plus profond d'elle-même, par quelque chose de monstrueux (ce qu'elle a vécu). L'ignominie n'a pas de sens, elle est impensable, il est difficile de la nommer.

Comme nous pouvons le constater dans cet exemple, une des caractéristiques majeures de la haine est sa puissance de sidération : elle empêche de penser. L'enfant qui a été la cible de son profanateur a inclus la haine de ce dernier en lui. Ainsi, l'emprise durable d'une personne sur une autre injecte chez sa victime une sorte de « surmoi monstrueux », un système *extérieur* de domination et de pouvoir rendu *intérieur* par la force de la fascination, de la séduction, mais aussi bien sûr de la terreur. Le surmoi de l'autre va prendre le contrôle de la personne visée, de l'intérieur, et entrer en résonance avec son surmoi. Ce dernier peut même jouer le rôle d'amplificateur des exigences de soumission, de mutisme, d'inertie et de docilité...

Pour que la situation puisse durer de manière « efficace », c'est-à-dire à la fois de façon prégnante et invisible, l'individu qui met l'autre sous son emprise le dévisage, le déshumanise, l'instrumentalise, au point d'introduire une angoisse, une culpabilisation et un doute à l'intérieur même de sa victime. Cette dernière n'aura de cesse de se remettre en question et de « prendre sur elle », pour essayer de s'adapter aux exigences impensables de son abuseur, sans pouvoir les repérer ni les remettre en cause.

Si une personne ne se distingue pas – ou plus – de l'autre et de son environnement, elle est happée, envahie, encombrée par le monde imaginaire de son « maître ». Prisonnière, elle ne peut ni s'en différencier ni s'en dégager. L'emprise s'appuie sur la confusion des identités et sur la dilution des contours, donc sur la disparition d'une personnalité distincte.

Melanie Klein et le surmoi précoce...

La psychanalyste hongroise Melanie Klein, disciple de S. Ferenczi, remanie la théorisation freudienne. Selon elle, l'apparition du surmoi est très précoce. Elle commence lorsque le bébé intériorise à la fois la part « bonne » de la mère nourricière (le sein) et sa part « mauvaise » (ce qui l'impressionne en elle, qu'il ne comprend pas ou qui lui fait peur). Le nourrisson vit alors sa mère comme une entité dangereuse.

D'une part, les bonnes expériences (gratification, plaisir, satisfaction) sont amarrées à la pulsion de vie, cette force qui nous pousse à naître, puis à aller de l'avant. À partir d'elles est créée une représentation interne de la « bonne » mère, qui sera la base du moi de l'enfant.

D'autre part, les mauvaises expériences (frustration, déplaisir, douleur) sont arrimées à la pulsion de mort. À partir d'elles est constitué un fantasme de « mauvaise » mère, refusé par le moi et considéré comme étranger, hétérogène, qui deviendra le surmoi...

> Sarah est une femme dans la maturité, très appréciée par son entourage professionnel. Célibataire malgré son charme et sa féminité, elle cherche à comprendre ce qui la bloque dans sa relation avec les autres, notamment les hommes.
>
> Lors d'une séance, elle emploie très souvent le verbe « vérifier ». Alors que son psychanalyste le lui fait remarquer, Sarah évoque « quelque chose de radical et sans appel » provenant de sa mère, qu'elle qualifie de « juge

suprême ». « Je n'avais pas le droit à l'erreur, précise-t-elle, à la fois en colère et apeurée d'oser braver la toute-puissance maternelle. Je vomis cette contrainte ! »

Sa mère la mettait en quarantaine lorsqu'elle désobéissait, même très légèrement, et la surveillait sans cesse : la petite fille ne se sentait jamais tranquille. Bien des années plus tard, Sarah perçoit la manière dont la violence maternelle, dans son cas bien réelle, s'est immiscée en elle au point de devenir une seconde nature : « Je me surveillais moi-même sans arrêt comme un tribunal d'inquisition ! »

Dans cet exemple, la pression réelle de contrôle et de « dressage » de la mère s'est introduite dans l'enfant, qui l'a internalisée telle quelle. Chez le nourrisson, la mère peut être vécue – donc intériorisée – comme « mauvaise » dans certaines situations de frustration, alors qu'en réalité, il s'agit le plus fréquemment d'une « mère suffisamment bonne », ainsi que le souligne D. Winnicott[1].

---

1. Pédiatre et psychanalyste britannique, Donald Woods Winnicott est un « descendant » de S. Ferenczi. Sa pratique et sa réflexion théorique tiennent compte de l'environnement du nourrisson. Pour lui, c'est la fiabilité des parents qui fonde la santé de l'enfant. Voir, par exemple, *Le bébé et sa mère* ou *Conseils aux parents*.

À la suite des pionniers…

Voyons maintenant les avancées apportées en France sur le thème depuis les années soixante par Jacques Lacan, Francis Pasche et Serge Tisseron.

Auparavant, n'oublions pas de citer Françoise Dolto, qui réaffirme les conceptualisations freudiennes dans le paysage à la fois mouvementé et novateur de la psychanalyse des années soixante et soixante-dix, en France, tout en y apportant ses inventions cliniques, la finesse de son intuition et la pertinence de son bon sens.

Face à J. Lacan, très « notabilisé », nous retrouvons aussi Maria Torok, qui effectue une synthèse personnelle, orientée vers l'accueil de l'autre humain dans sa réalité, à partir de l'œuvre de S. Freud, de S. Ferenczi (surtout) et de M. Klein (parfois).

Jacques Lacan et la « métaphore paternelle »

Le « nom du père »

Jacques Lacan accorde une place centrale et structurante au langage, qui permet à l'enfant de communiquer ses ressentis à d'autres. Avant de pouvoir lui-même parler, le petit humain est « parlé » par ses parents et ses proches. Ces discours lui donnent une idée de lui-même, plus ou moins valorisante et réelle, qui contribue à le constituer. Il en est de même lorsque le tout-petit se regarde dans le miroir et aperçoit son image : cette image de lui va être nommée par un adulte comme lui correspondant. Cette nomination est essentielle à la structuration de l'enfant et au regard qu'il portera sur lui-même à travers celui des autres[1]. Voilà tout d'abord comment le surmoi est engendré.

J. Lacan utilise l'expression « nom du père[2] » pour désigner la façon dont les parents vont, par la parole, transmettre à leur enfant leur propre façon d'utiliser le langage et de considérer la loi. Le père est la « fonction pivot » de la triangulation père/mère/enfant : il sépare l'enfant de sa mère, il l'ouvre aux autres et au monde. En l'introduisant dans l'ordre du langage, donc du sens, il le rend autonome et indépendant, c'est-à-dire libre.

Surmoi et idéal du moi

Autant le surmoi contraint et freine, autant l'idéal du moi dynamise et motive. La différence est notable !

Le surmoi est une instance critique qui retourne le plus souvent les pulsions agressives et répressives de l'individu contre lui-même, notamment parce que ce dernier a peur

---

1. *Cf.* LACAN J., « Le stade du miroir comme formateur de la fonction du Je », in *Écrits*. Voir également *Oser s'aimer* de S. Tomasella, notamment pour les exemples.
2. Cette formule fait référence à « Dieu le Père », le créateur originel.

de perdre l'amour de ses parents (puis l'estime de ses pairs ou référents). Schématiquement, le surmoi juge pour condamner.

Au contraire, l'idéal du moi présente un modèle ou une orientation : il s'agit alors pour la personne de penser, de se comporter et d'agir d'une manière qui lui semble positive et valeureuse. La devise « fais ce que tu dis, dis ce que tu fais » pourrait être un bon exemple : elle n'impose pas de contrainte (ne pas mentir, par exemple) et invite à la cohérence. L'idéal du moi se présente ainsi comme « celui que j'aimerais être », mais aussi « celui que je voudrais aimer »[1]. Il correspond à ce que l'individu souhaiterait devenir, notamment à « ses aspirations à être reconnu, estimé, aimé par sa famille et son entourage social[2] ».

Au cours de la cure psychanalytique, le patient met en lumière les diverses facettes de son surmoi et de son idéal du moi, se libérant du premier pour préciser et affirmer le second. Il se défait peu à peu de ses barrages internes pour évoluer vers ce qui lui correspond en propre.

Francis Pasche, de l'admiration à l'empathie…

Moins connu, Francis Pasche fut une figure majeure des années soixante et soixante-dix. Il était surnommé « Robespierre », du fait de son combat direct et sans concession contre certaines conceptions de J. Lacan. Même

---

1. *Cf.* FREUD S., « Pour introduire le narcissisme », in *La vie sexuelle*.
2. NACHIN C., *À l'aide, y a un secret dans le placard !*.

s'il le connaît bien, s'il l'apprécie et s'il l'admire parfois, il ne partage pas ses idées[1].

F. Pasche transmet une vision particulièrement claire et complète du surmoi : « Le moi s'y soumet, le craint, a peur de perdre son amour (angoisse devant le surmoi), s'y oppose, comme envers une personne[2]. » Ce « gouvernement personnel » plonge ses racines dans l'admiration primaire de l'enfant pour sa mère (ou la personne maternante), dont il fait une idole.

Le psychanalyste distingue un surmoi maternel premier (mère surpuissante), d'un surmoi paternel second (père prodigieux). Cette double polarité maternelle et paternelle au sein de la personne, dès la toute petite enfance, est une autre source majeure de la bisexualité psychique[3] présente en trame de fond chez chacun. À partir de ce que ses parents sont, font et disent, l'enfant construit en lui une « loi intérieure », qui le protège autant qu'elle le contraint. Le surmoi est équivoque : cruel, impérieux, certes le plus souvent, mais réconfortant et tendre aussi parfois.

Lorsqu'il est trop féroce, le « tribunal interne » pousse la personne sur le versant de la dépression, parfois durable et

---

1. Merci à Alexandre Pasche de m'avoir longuement parlé de son père et de sa mère (Maria Cléopas), de leur discrétion tout autant que de leur honnêteté, de leur position éthique en tant que cliniciens et de leur engagement particulièrement dévoué auprès de leurs patients…
2. PASCHE F., « Du surmoi ambivalent au surmoi impersonnel », in *Le passé recomposé*.
3. Nous possédons tous en nous, hommes et femmes, une part féminine et une part masculine.

grave. S'il est trop sévère, il entretient la culpabilité, le besoin d'autopunition et la recherche de sanctions. Pour autant, si la bienveillance, la disponibilité et la sollicitude parentales sont bien évidemment indispensables et irremplaçables, F. Pasche insiste sur la nécessité structurante de parents remplissant réellement leur rôle d'éducateurs. De fait, les « parents copains » n'aident pas leurs enfants à se construire et leur font vivre très tôt de profondes angoisses, en les laissant à l'abandon, face à eux-mêmes et à leurs pulsions. Ils risquent de les mener vers les addictions, la délinquance ou le suicide…

Serge Tisseron : les transmissions familiales

La fin du XXᵉ siècle a vu se développer une réflexion intense autour de l'héritage imaginaire inconscient légué par les grands-parents et les parents aux enfants des générations suivantes, habituellement appelé « héritage transgénérationnel ». Lucien Mélèse[1] et Claude Nachin[2] plus spécialement initient ce courant suite à Maria Torok.

D'après Serge Tisseron[3], il existe trois formes de transmission entre les parents et leurs enfants :

* une transmission consciente, qui incite l'enfant à imiter ses parents et à les prendre pour modèles, en se référant soit à leurs discours, soit à leurs actes ;

---

1. MÉLÈSE L., *La psychanalyse au risque de l'épilepsie.*
2. NACHIN C., *Les fantômes de l'âme.*
3. TISSERON S., *Tintin et les secrets de famille.*

- une transmission fantasmatique, qui pousse l'enfant à se conformer aux vœux et projets que ses parents entretiennent à son égard ;

- une transmission d'inconscient à inconscient, à partir de laquelle l'enfant cherche à comprendre les fragilités et les impasses de ses parents en les mettant en scène.

Dans ce dernier cas, le plus dévorateur d'énergie psychique, l'enfant espère « soigner » l'un ou l'autre de ses parents, ou les deux, dans l'espoir qu'ils soient plus disponibles pour s'occuper de lui.

Le surmoi se constitue à partir de ce que les parents transmettent à l'enfant, et donc à partir de tout ce qu'ils ont eux-mêmes reçu de leurs parents… Les transmissions psychiques dans la famille peuvent concerner plus de deux générations : les petits-enfants reprennent aussi à leur compte les difficultés ou interrogations de leurs grands-parents à travers leurs parents, etc.

Les décalages entre le discours rationnel et logique d'une part, et le langage émotionnel d'autre part (le ton employé ou la tension du corps par exemple) révèlent l'impensé[1] familial, le plus souvent lié aux non-dits et secrets des générations précédentes.

---

1. Un thème qui n'est jamais évoqué dans une famille (en étant systématiquement évité, par exemple) ne peut être pensé correctement par ses membres.

Après une phase de déprime inexpliquée, Carla fait une découverte. Un souvenir important lui revient en mémoire : « À quatre ou cinq ans, je ressentais une grande détresse intérieure que je ne comprenais pas. J'ai appris à l'âge adulte que ma mère avait beaucoup souffert pendant l'absence de mon père durant cette période. De 1954 jusqu'en 1957, lorsque nous l'avons tous rejoint, mon père était seul en Belgique. Il était parti chercher du travail dans la sidérurgie. Il était vulnérable et avait trouvé à se loger dans une famille italienne originaire du même village que lui. Les lettres de mon père se faisaient de plus en plus rares. Ma mère s'inquiétait, connaissant la réputation de "femme de mauvaise vie" de sa logeuse. En trois ans, il est revenu une seule fois. Ma mère éprouvait des angoisses d'abandon et de jalousie. [...] J'ai retrouvé ces angoisses sans nom, et souvent sans raison, avec mon mari, vétérinaire. Dès que me venait l'idée qu'éventuellement, il n'allait pas faire une visite mais rejoindre une femme, je devenais toute blanche, pétrifiée, je me mettais à transpirer... »

Carla se jugeait mauvaise épouse. Plus que jalouse, elle se sentait dominée par une jalousie qui la tyrannisait de l'intérieur. « Tout un pan de mon histoire s'éclaire. Je suis désormais allégée d'une part de culpabilité. Cette jalousie était comme une chape de plomb au-dessus de moi. Que de conflits, d'agressivité, de violence ! La jalousie de ma mère m'a hantée pendant toutes ces années. »

Dans ce cas, l'enfant construit ce qu'il croit être son identité à partir de la fiction familiale et sociale de son environnement. Cette appréhension extérieure de lui-même, bien que précaire, devient son propre référentiel, qui lui sert de système de repérage dans l'existence.

Dans le couple et au sein du groupe

L'arsenal mental des contraintes, croyances, dettes, obligations, punitions, sanctions qu'est le surmoi n'agit pas uniquement dans le for intérieur de chaque personne. Il est aussi particulièrement opérant dans toute forme de relation avec l'autre (professionnelle, amoureuse ou amicale) et dans les groupes.

Un nouveau regard sur les rapports passionnels

Bien trop communément, on utilise le mot *amour* pour désigner en fait l'addiction sexuelle, l'attachement affectif, la confusion psychique, la dépendance émotionnelle, l'idéalisation sentimentale, le parasitage identitaire ou la symbiose existentielle[1].

Lorsque deux personnes sont attirées l'une par l'autre (sur le plan affectif, voire amoureux), leurs liens sont parasités par nombre d'attentes, de fantasmes et d'idéaux. Habituellement, ce sont les difficultés répétées au sein de différentes relations

---

1. Le parasitage identitaire concerne les individus qui « empruntent » la personnalité de leur conjoint parce qu'ils n'ont pas pu développer la leur (ils ont toujours agi pour leurs parents, pour leurs professeurs à l'école, etc.). La symbiose existentielle est encore plus fusionnelle : la personne ne se sent exister qu'à travers l'existence de l'autre.

qui permettent de s'interroger, et donc de prendre conscience des leurres de l'« accroche » imaginaire des premiers temps…

Plus encore, un couple se forme autour de la sexualité, vécue ou non, réelle ou fantasmée, parlée ou non, pensée ou encore impensable. Les échanges sexuels sont significatifs des implications, plus ou moins volontaires, de chaque protagoniste dans la relation, de leurs pulsions et de leur conception de la vie. L'exemple suivant illustre l'agencement inconscient d'un couple autour d'un surmoi qui impose la plus grande jouissance, mais cachée, sous couvert de « bonne entente » et de conventions sociales très consensuelles.

Bérénice et Vladimir viennent suivre une thérapie de couple suite à une mésentente qui s'installe et à des disputes de plus en plus fréquentes. En apparence, il s'agit d'une histoire banale… Les premières séances sont très impersonnelles[1]. Bérénice établit un relevé comptable du « machisme » quotidien de son mari ; ce dernier se défend mollement à l'aide d'arguments très rudimentaires et bien souvent sans fondement.

Bérénice déclare aimer beaucoup Vladimir, qu'elle décrit comme « affectueux, doux, parfois grognon ». Une fois, elle ose le présenter comme un homme un brin macho. Lui, tient les propos suivants : « Moi, je bosse, je ramène du pognon. Ma femme reste à la maison, elle peut bien faire les courses, la cuisine, le ménage et la lessive ! » La maison est propre, c'est bien agréable pour Vladimir, qui le soir regarde les informations sur Internet (il soutient avoir « besoin de se distraire »), pendant que Bérénice fait la vaisselle et range la cuisine. De son côté, elle dit

---

1. Comme nous l'avons vu, le surmoi fait écran à l'expression de la subjectivité profonde de l'être.

> apprécier de s'occuper de lui quand il rentre du travail en
> lui « mitonnant les plats qu'il préfère ».

Durant la première phase de leur psychanalyse de couple, la facette du surmoi la plus accessible de chacun est prépondérante : ici, il s'agit de l'aspect socioculturel du « règlement intérieur » hérité des parents. Bérénice se présente comme une épouse dévouée, aux petits soins, Vladimir comme un mari bonhomme, pas très attentif, mais pas trop méprisant non plus. Pour faire bonne figure et éviter d'entrer trop tôt dans les difficultés réelles plus profondes qui les séparent, tous deux se montrent sous un jour plutôt rangé, moral et bourgeois.

Lors d'une séance ultérieure, tout à trac, en regardant par terre et en rougissant, Bérénice ose la première franchir le pas et parler de ce qui les amène : leur sexualité. Celle-ci, plutôt « fréquente » et « épanouie », lui semble néanmoins révélatrice du rapport qu'ils entretiennent l'un envers l'autre.

> Bérénice affirme que Vladimir la « prend uniquement quand il le veut, lui ». Depuis longtemps, quand c'est elle qui le désire, « alors ceinture » ! Elle dit se contenter de ce que son mari est capable de lui donner...

La psychanalyse de ce couple n'avance pas... Chacun reste enfermé dans sa propre inertie et son refus de lâcher prise, jusqu'au jour où Bérénice craque et révèle ce qu'elle « retient depuis longtemps ». Très tôt dans leur histoire, alors que Vladimir commençait à percevoir de forts revenus, elle a joué dans un scénario très particulier.

« Tu rapportais[1] beaucoup d'argent. Je devais me dédoua-
ner, payer à mon tour : *payer* de ma personne… Je me suis
très vite mise à la place de la *prostituée* à la complète disposition de celui qui la paye. J'ai fait tout ce que tu voulais,
tout ce que tu me demandais. Je n'ai jamais dit non à quoi
que ce soit. C'était quand tu voulais, toi, comme tu voulais, toi, dans la posture qui correspondait le mieux à ton
envie, à ton excitation ou à ton fantasme du moment. Je
me *devais* de te faire jouir, autant que possible. J'ai rempli
ce rôle avec beaucoup d'application et de docilité. »

Cet « esclavage » volontaire s'est renforcé du fait que
Bérénice était aussi la « bonne » à la maison. Cela intensi-
fiait encore davantage leur jouissance sexuelle, notamment celle de Vladimir, dont les injonctions internes à la
jouissance étaient fondées sur un modèle paternel plutôt
trivial de domination.

Cette « accroche » par la sexualité d'un « maître » s'imposant à son « esclave » est non seulement dégradante, mais
aussi pernicieuse, même en dehors de l'aspect sexuel. Lorsque Bérénice se « rebiffait » commençait alors au sein du
couple un cycle de maltraitance, car Vladimir ne supportait
aucune remise en question du modèle qu'il appliquait scru-
puleusement et qu'il trouvait tout à fait normal. Il s'agis-
sait de la manifestation implacable de son surmoi à lui,
tandis que celui de Bérénice la poussait au contraire à *bien
obéir*, à *tout accepter* et à *tout supporter sans se plaindre* ! Ainsi,
le couple oscillait entre jouissance (quand Bérénice se sou-
mettait) et maltraitance (quand elle se rebellait).

---

1. Les mots en italique sont ceux que l'intonation de Bérénice mettait
   en valeur. Dans tout ce passage, elle parle d'une réalité psychique
   longtemps restée inconsciente.

> Bérénice se souvient du déclic qui lui a permis de com-
> prendre son propre rôle dans la relation avec son compa-
> gnon. « C'est le jour où tu m'as parlé d'un film que tu
> cherchais, dans lequel une jeune actrice affriolante se
> prostitue. Mon sang s'est glacé d'un coup. Je me suis
> sentie brutalement renvoyée à moi-même ! Je ne pouvais
> plus faire l'autruche. Depuis, je ne me supporte plus, je
> me sens sale, je me déteste… »

Durant cette séance et les suivantes, Vladimir refuse complètement d'entendre Bérénice. Il prétend que « tout va bien »,
mais est déstabilisé. Un jour, il finit par le reconnaître, timi-
dement. Au fil des semaines, il devient moins arrogant,
moins sûr de lui. Tous les deux réussissent à se dire qu'au
fond, il n'y a pas d'amour entre eux. Jusque-là, leurs surmois
respectifs leur ont joué des tours, faussant leur relation et la
conception qu'ils en avaient…

La férocité du groupe

Face aux profondes et violentes dissensions qui ont secoué
les associations de psychanalyse en France dans les années
soixante[1], certains psychanalystes se sont mis à réfléchir aux
fonctionnements des groupes[2].

---

1. Suite à l'approche très novatrice de Jacques Lacan et Françoise Dolto, qui
provoqua des scissions au sein de la Société de psychanalyse de Paris.
2. Parmi eux, citons Didier Anzieu, René Kaës et Jean-Bertrand Pontalis.
Cf. TOMASELLA S., « Les phénomènes de groupe », *Psychanalyse
Magazine*.

Tout groupe est traversé par des phénomènes inconscients qui le déstabilisent, angoissent ses membres, et contre lesquels il construit des défenses. Ces dernières tendent notamment à limiter la capacité de penser des participants et à les faire verser à la fois du côté de la pulsion, même la plus bestiale, et du côté de l'idéalisation, voire de l'idéologie. Les fonctionnements sectaires sont des illustrations généralement caricaturales d'une telle réalité. Bien qu'extrêmes, les séances de torture partout sur la planète, et même récemment en Irak dans la prison d'Abou Ghraib, en sont aussi des exemples probants.

L'équilibre d'une personne autour d'un moi ajustant ses mouvements entre les poussées du ça et les contraintes du surmoi, et orientant ses actions vers un idéal est rompu. Au contraire, le groupe favorise une configuration privilégiant les forces aveugles du ça, que S. Freud appelait parfois la « bête immonde », et l'aspect le plus pulsionnel, le plus excitatif et le plus féroce du surmoi. L'idéologie sert uniquement à justifier l'utilisation des forces pulsionnelles, même si elles sont aveugles, ou à nier au contraire qu'elles existent.

Les très nombreux livres sur le harcèlement et la manipulation ont eu un effet presque contraire à leur vœu premier, car les « habitués » de telles pratiques y puisent de nouvelles idées pour affûter leurs techniques d'influence. Le plus important n'est pas de décrire extérieurement les pratiques manipulatrices, en croyant les traquer pour les abolir, mais d'interroger inlassablement les fonctionnements individuels et collectifs, et les intentions de chaque participant. Animer une équipe ne peut se confondre avec dominer les autres, il s'agit de créer les conditions de la parité entre tous les membres, d'une pensée libre et féconde, du déploiement du désir qui favorise la créativité. L'autorité correspond à la capacité, sans cesse renouvelée, d'être auteur de sa parole. Elle n'a donc rien à voir avec la tyrannie…

Une société maltraitante

Notre époque est propice aux formes raffinées de maltraitance, que ce soit à l'école, dans l'entreprise, en famille, et jusque dans les rues et les supermarchés ! D'où vient cette amplification de la cruauté ?

Contrairement à ce qu'affirmaient certains sociologues, le surmoi n'a pas disparu avec l'« interdit d'interdire » des années hippies. Il a évolué vers d'autres formes moins puritaines et moralisantes, mais sa férocité constitutive est encore à l'œuvre… Reste alors à interroger les fondations du lien social dans la société hyperindustrialisée qui est la nôtre.

Le monde contemporain est profondément marqué par le système productiviste du taylorisme, qui constitue aujourd'hui le référentiel matérialiste de tout un chacun. La méthode industrielle mise au point par Frederick Taylor en 1911 consiste en une organisation mécanisée du travail, divisé en tâches élémentaires répétitives mesurées et chronométrées. Son objectif est d'obtenir la meilleure productivité possible. Cette méthode, reconnue pour être éprouvante et démotivante, est encore et de plus en plus opérationnelle. Même si nous n'en sommes plus à Ford, mais à la commande de machines numériques, la fatigue nerveuse s'est souvent substituée à la fatigue physique.

> Un film récent rend compte de ce phénomène quasi invisible, tellement banalisé qu'il pourrait paraître presque « normal ». *La question humaine* de Nicolas Klotz (2007)[1] décrit les rouages d'un système industriel qui atomise l'individu, aveugle les consciences et déshumanise l'entreprise, sous caution d'une certaine psychologie du travail, promue au rang de levier d'efficacité. « Ne pas entendre. Ne pas voir. Prononcer des mots propres, qui ne tachent pas », affirme le psychologue responsable d'un licenciement massif. Les personnes sont désignées comme des *unités*, des *pièces*, etc.

Il s'agit d'un cannibalisme d'un nouveau genre, d'une anthropophagie industrielle, par laquelle tout être humain peut être consommé, détruit et dévoré. Ainsi, les fantômes qui hantent le présent trahissent les secrets du passé. La mécanique industrielle implacable du XXIe siècle, avec ses impératifs de performance et de rentabilité, plonge ses sombres racines dans la mise en œuvre déshumanisée (froide, méthodique, neutre et techniciste) de la Shoah et, plus en amont encore, dans l'organisation scientifique du travail (OST) mise en place par Taylor et Ford au début du XXe siècle… Dans un tel « univers impitoyable », il ne reste plus de place pour l'humain, sa sensibilité et ses fragilités, à tel point que ce sont les supposés « maillons faibles » du conglomérat qui sont licenciés en premier.

Cette logique se retrouve dans les phénomènes de mondialisation, qui renforcent l'instrumentalisation imperceptible de l'humain au profit de calculs de rentabilité financière.

---

1. À partir du livre éponyme de François Emmanuel paru chez Stock en 2000.

Dans ce cadre prégnant, toute forme de sensibilité devient une menace pour le bon fonctionnement du système (c'est-à-dire sa profitabilité), elle est donc découragée et évacuée.

Par ailleurs, il est impératif de pouvoir écouler produits et services. La publicité et le marketing ont donc développé des méthodes de plus en plus sophistiquées afin de promouvoir marques et marchandises. Mon propos n'est pas de condamner la réalité économique, mais d'en mesurer les conséquences sur le devenir de l'être humain. La frénésie de consommation cultivée dans le monde des pays « surindustrialisés » impose à l'individu et aux groupes des impératifs de jouissance de plus en plus inaccessibles. De là découlent des frustrations qui s'accumulent, auxquelles s'ajoutent la fatigue de la rudesse des transports, les découragements dus aux mauvaises relations, le stress des pressions au travail...

Nous pouvons aisément repérer dans cette description tout l'arsenal des constituants du surmoi à l'échelle sociale...

Partie 3

En pratique !

La vulgarisation de la psychanalyse comporte un certain nombre de risques majeurs. Voici les plus fréquents :

- la *généralisation*. Chaque recherche sur soi-même est spécifique. La présentation de fonctionnements psychiques pourrait faire oublier la singularité intrinsèque de chaque personne. L'altérité (la sienne et celle des autres) reste une des réalités les plus malaisées à accepter ;

- le *savoir*. L'exploration de son histoire et de son inconscient est une démarche très progressive, rigoureuse et tâtonnante, de connaissance de soi. Les articles de psychologie grand public et les ouvrages de psychanalyse peuvent donner l'impression qu'il suffit de lire quelques chapitres pour se connaître et se comprendre. Cette idée très répandue est malheureusement complètement erronée ;

© Groupe Eyrolles

- l'*extériorisation*. S'il est difficile de reconnaître ses propres défauts, limitations et impasses, il est souvent facile de déceler ceux des autres. Les livres de psychanalyse ne sont pas écrits pour nous conforter dans l'idée que nous pouvons critiquer l'autre et stigmatiser ses manquements.

D'ailleurs, nous nous rendons bien compte qu'il ne suffit pas d'ouvrir un ouvrage de développement personnel pour nous métamorphoser. Par confort et habitude, nous avons tendance à filtrer et « lisser » ce que nous lisons, pour ne pas avoir à nous remettre en question. En effet, la plupart des lecteurs laissent de côté les informations qui les dérangent ; or ces données leur permettraient des prises de conscience qui pourraient renouveler leur approche de situations difficiles et les orienter vers des changements bénéfiques.

Aussi, l'expérience pratique de la confrontation concrète à l'autre distancié (qui écoute et entend), le psychanalyste, est irremplaçable.

Mon propos n'est pas d'apporter des recettes pour mieux vivre avec son surmoi, le changer à la demande ou s'en débarrasser, il est plutôt de faciliter certains repérages sur soi-même, ses démarches et son existence. Changer sa façon de penser est un préalable indispensable pour évoluer.

De l'intérêt d'assouplir son surmoi

Tout être humain est à la recherche d'un équilibre personnel, intérieur et intime. Nous n'avons pas à nous croire malades, ou indignes, parce que nous ne sommes pas au « mieux de notre forme », parce que notre pensée n'est pas tout le temps limpide ou parce que nous ne sommes pas parvenus au bout de notre quête d'harmonie ! La vie est faite de mouvements, de variations, de hauts et de bas.

Pour vivre avec l'autre

Notre « règlement intérieur » entre en interaction avec celui des autres. Lorsque ces règlements sont similaires, ils risquent de se conforter, voire de se renforcer (même si cela peut sembler commode à première vue, le danger est de les rendre particulièrement rigides). Lorsqu'ils présentent des divergences, une négociation avec soi et avec l'autre devient nécessaire pour parvenir à un *modus vivendi* acceptable par chacun. Enfin, lorsqu'ils sont en opposition, la vie en commun semble impossible, on parle couramment d'« incompatibilité ».

Plutôt que d'affronter brutalement les conceptions esthétiques, morales et sociales de l'autre, ce qui va immanquablement le braquer, il est plus juste et plus utile de chercher à diminuer la force impérieuse de nos propres

© Groupe Eyrolles

critères de conduite. Nous pouvons même être amenés à les amender, à les réévaluer régulièrement en fonction de nos expériences, pour n'affirmer – lorsque c'est possible – que ce qui nous est vraiment essentiel.

Ainsi en va-t-il de parents qui acceptent un peu mieux le désordre dans la chambre de leur enfant devenu adolescent. À partir du jour où ils ne s'acharnent plus à la lui faire ranger, l'atmosphère se détend et le problème disparaît comme s'il n'avait pas existé. De même, un père qui refuse que sa fille devienne danseuse, parce qu'il assimile danse et dépravation sexuelle, peut devenir fier du métier qu'elle a choisi s'il réussit à lâcher ses préjugés et à regarder sa fille pour elle-même, en lui faisant confiance.

> Zohra, d'origine égyptienne, vit comme un déshonneur le fait que son fils soit homosexuel. Toutefois, elle parvient progressivement à prendre de la distance par rapport à sa culture d'origine. Elle fonde peu à peu sa pensée sur ses ressentis et finit par se souvenir de sa propre amitié amoureuse avec une étudiante de l'université quand elle était jeune. Dès lors, le choix amoureux de son fils ne la gêne plus...

En résumé, retenons que :

- nos conceptions sont relatives ;
- nous ne les partageons pas avec tout le monde ;
- nous ne pouvons prétendre les imposer aux autres ;
- elles correspondent souvent à des idées toutes faites ;
- nous pouvons en changer si elles s'avèrent trop « étroites », trop strictes ;

- nous pouvons aussi choisir de nous en défaire lorsqu'elles nous empêchent de vivre ou freinent la liberté de pensée et de mouvement de notre entourage.

Pour retrouver le désir

> *Partout où il y a joie, il y a création ;*
> *plus riche est la création, plus profonde est la joie.*

Bergson

Si le surmoi est trop dur, trop prégnant, trop redoutable, l'individu ne peut avoir accès à son désir personnel ; ses capacités créatives, imaginatives, donc expressives, sont alors bloquées...

Le désir est vital : le tout premier désir est celui de vivre et d'exister, le désir d'être. S'y ajoutent le désir de devenir humain, celui de vivre l'amour et de rencontrer l'autre, et enfin le désir de penser (de donner du sens à ses expériences) et de s'exprimer vraiment.

Le désir ne peut être comparé et réduit au besoin, à l'envie, au fantasme ou à la pulsion. Pour désirer, il est nécessaire de se sentir libre. L'enfant assuré de sa singularité personnelle trouve plus facilement le long chemin de son désir que l'enfant dénigré ou peu encouragé, qui sera tenté par les circuits immédiats de la pulsion, de la jouissance et du fantasme. Ce dernier se contentera de consommer et ne cherchera pas à inventer. Il imitera le fonctionnement de personnes de son entourage, mais sera incapable de tracer sa propre voie et de sortir des sentiers battus.

Le désir ne s'incarne pas selon des modalités prédéfinies, déterminées socialement, mais selon des formes créées au fil du chemin, avec souplesse et persévérance.

> Clara avance « à pas menus », comme elle aime le répéter. Pendant de très longues années, elle a eu peur d'« entretenir de mauvaises pensées ». Elle s'interdisait d'en vouloir à ses parents : « Je pensais que je ne pouvais pas ne pas les aimer. » Ne pouvant exprimer sa révolte légitime contre eux, son agressivité rentrée se retournait de plus en plus contre elle : « Je voulais disparaître », avoue-t-elle un jour à son psychanalyste.

> En acceptant peu à peu d'exprimer sa révolte, durant des séances où elle pleure beaucoup, Clara retrouve en elle des moments lumineux de son enfance : quand elle regardait le ciel allongée dans l'herbe, quand elle jouait seule au jardin, quand elle allait se promener avec son chien… Elle peut ainsi se rendre compte qu'elle a depuis toute petite un goût très fort pour la poésie. Elle ose alors se remettre à écrire des poèmes, très timidement au début, et avec de plus en plus d'assurance et de joie…

Le désir échappe en grande partie au contrôle du « directoire interne », restrictif et coercitif, alors qu'il peut être soutenu par la part encourageante du surmoi. La fierté d'être soi, en vie, sensible et ouvert au monde, à la rencontre est la meilleure configuration pour désirer…

Lorsque les exigences du surmoi sont minimales, le désir peut se déployer : l'imagination créatrice trouve alors l'espace et l'énergie nécessaires à son développement. Il s'agit là d'un aspect capital non seulement de la santé psychique, mais aussi de l'épanouissement.

L'imagination n'est pas l'imaginaire, qui correspond à l'ensemble des croyances, fantasmes et leurres intriqués de chaque individu. Au contraire, l'imagination est la capacité sensible de chacun à jouer avec des images internes[1] originales, et à les assembler de façon à créer des fantaisies, des histoires et des mondes. Le rêve et la rêverie sont les manifestations les plus courantes de l'imagination ; la création artistique en est une autre forme. Alors que le surmoi ne propose que des clichés, des fantasmes, des images mortes, fixes, à suivre à la lettre, l'imagination inclut en elle la dynamique du changement, elle est vitale et dynamisante.

---

1. Au contraire, les images *externes* sont proposées par la société, les entreprises, les marques, la famille et font partie du surmoi. Elles possèdent une grande puissance de persuasion et sont utilisées autant pour la publicité que pour la propagande. *Cf.* du même auteur, *Oser s'aimer* et « De l'image inconsciente du corps à l'image consciente du cœur », *Psychanalyse Magazine*.

Des étapes inévitables

Assouplir son surmoi est un travail de longue haleine, qui demande patience et persévérance. Quatre étapes fondamentales peuvent être distinguées :

- oser se regarder en face ;
- accepter le féminin en soi ;
- passer de l'autocritique au discernement ;
- quitter la morale pour l'éthique.

Oser se regarder en face

La toute première étape consiste à regarder en soi-même, au lieu de chercher des solutions toutes faites auprès des autres ou d'experts qui feraient autorité. Cette disposition à se considérer, pour mieux se connaître et trouver en soi des ressources, nécessite – autant qu'elle favorise – de bien vivre ses moments de solitude. Dans de nombreux cas, nous nous apercevons que nous sommes notre principal « ennemi intime » : nous nous critiquons, nous nous dévalorisons, nous nous empêchons nous-mêmes de vivre sereinement.

> Jessica est une femme déjà âgée, qui ne cesse de se déprécier et de se faire des reproches. Elle passe son temps à se traiter de « nulle », de « débile »... À partir du moment où elle parvient à mieux exprimer ce qu'elle

> ressent, Jessica perçoit ce qu'elle se fait vivre à elle-même et commence à s'adoucir un peu. « Depuis ce matin, je suis très angoissée. J'ai une boule qui part du ventre et va jusqu'à la gorge. Je suis paniquée par ce que j'ai à faire. Je ne m'en sors pas… »

Que se passe-t-il ? Bien souvent, nous nous reposons sur un code de conduite tout fait, une sorte de « substitut de conscience » hérité de nos parents. L'enfant se sert de ce règlement intérieur comme « prothèse » pour remplacer sa conscience encore assoupie. À l'adolescence, l'individu va commencer à faire ses propres choix, sans plus se reposer sur ses parents. Il arrive néanmoins que ce pas vers l'indépendance n'ait pas lieu. Les motivations de l'adulte se limitent alors à la quantité de plaisir ou de déplaisir retirée de telle ou de telle action, tandis qu'il répète aveuglément le dressage subi durant l'enfance.

> Jessica repère, en elle et dans son existence, le cycle sans fin de la répétition infantile : « Lorsque je ne suis plus à l'écoute de moi-même, je me maltraite, je vais encore plus mal, et je pointe du doigt tout ce qui ne va pas chez l'autre. Je suis méchante, destructrice. Je me dis que je suis comme ma mère. Je suis ma mère. Je juge tout le monde. »
>
> Jessica s'est construit une carapace de dureté. Lorsqu'elle se sent insécurisée, la férocité du jugement se déchaîne en elle : elle est alors contrôlée par les forces aveugles de son tribunal intime. Au sein de son esprit, la part maltraitante (sa mère incorporée) surveille, raille, humilie, contrôle et condamne la part enfantine (vivante, spontanée, sensible et expressive) de son être. Son gouvernement intérieur se confond avec le sadisme de sa mère, autrefois réel et désormais inclus en elle. Un patient

travail de désintrication est nécessaire. Si elle n'y prête pas attention, Jessica se maltraite et assure son propre malheur...

Être victime, plus particulièrement à l'âge adulte, c'est avant tout être victime de soi-même et de ses fonctionnements, qu'ils soient conscients ou inconscients.

Accepter le féminin en soi

S. Freud découvre assez tôt que nous sommes tous constitués à la fois d'éléments féminins et d'éléments masculins[1]. Il est très important qu'un être humain puisse développer en lui un équilibre entre ces deux aspects de sa personnalité. Cette « bisexualité psychique » est fondamentale en ce qui concerne l'assouplissement du surmoi.

La deuxième étape consiste donc à accepter le féminin en soi. Synonyme d'intériorité, de sensibilité, voire de fragilité, le féminin est souvent mis à mal. Nous savons à quel point d'ailleurs toute fragilité est vite rabaissée au rang des faiblesses méprisables.

Par un procédé bien connu de tous, nous avons tendance à rejeter en dehors de nous ce qui nous gêne de nous-mêmes. En prêtant à l'autre ce qui nous dérange en nous, nous croyons illusoirement nous alléger d'un poids. Ce mécanisme de défense s'appelle la *projection*[2]. Un surmoi dur et

---

1. Culturellement, certaines qualités sont dites *masculines* comme la capacité à s'exprimer, à s'affirmer ou à combattre, et d'autres sont dites *féminines* comme l'accueil, la compréhension, l'écoute...
2. Voir, dans la même collection, *La projection* de V. Megglé.

imposant pousse à la projection, car il empêche de s'accepter comme un être fragile : la fragilité devient alors très vite le problème d'autrui. En pointant les autres du doigt, nous détournons l'attention et croyons pouvoir faire l'économie de la conscience de soi.

Cette culture de l'« extériorité » est tellement prégnante dans certains environnements que nous pouvons en oublier, ou même nier, l'existence de l'intériorité, de la vie intérieure, de l'âme. Selon Julia Kristeva, « nous sommes en vie parce que nous avons une vie psychique. La vie psychique est cet espace intérieur, ce for intérieur qui permet de recueillir les attaques du dedans et du dehors, c'est-à-dire les traumas physiologiques, mais aussi les agressions sociales et politiques. L'imagination les métabolise, les transforme, les sublime, les travaille : elle nous maintient vivants[1] ».

De son côté, le philosophe Jacques Derrida dénonçait l'extériorité de notre culture « phallogocentrique », pour reprendre sa terminologie. Pour tenter d'y voir plus clair, penchons-nous sur la notion de *phallus* en psychanalyse. Dans un sens strict, il s'agit de la désignation idéalisée de l'organe sexuel mâle comme seule réalité sexuelle. Plus largement, le phallus est pour l'inconscient ce qui assure non seulement la jouissance, mais également le pouvoir et la puissance. Le glissement vers la domination n'est pas loin, avec son corollaire trivial suivant lequel, pour dominer, il est plus payant tactiquement de cacher ses fragilités et d'utiliser celles de l'autre.

---

1. KRISTEVA J., *L'avenir d'une révolte*.

Pourtant, si nous parvenions à accepter notre fragilité, nous pourrions réduire nos prétentions nous concernant, et laisser de côté nos injonctions à être parfait. Il est donc nécessaire de s'interroger sur la place du féminin, du « non phallique », dans nos conceptions de l'existence, dans nos comportements, dans nos idées, etc. Comment acceptons-nous le manque, le creux, le vide, l'inconnu, l'incontrôlable, l'impondérable, l'insaisissable ?

Ce « roc » sur lequel nous butons tous, au croisement des pulsions et des forces de contrainte[1], a été nommé « refus du féminin » par S. Freud. En 1937, deux ans avant sa mort, réfléchissant sur la fin de la cure psychanalytique, il mettait en évidence une résistance fondamentale, parfois irréductible, chez l'être humain.

Pour l'homme, elle se traduit par la grande difficulté à reconnaître sa part féminine, notamment son homosexualité dite « passive » (inconsciente ou consciente), et au-delà, à accueillir et recevoir, donc à développer son intériorité. Les tabous concernant l'homosexualité ont empêché les hommes d'accepter « le fait que tout sujet ait besoin d'aimer au moins une personne du même sexe que soi pour pouvoir s'aimer soi-même selon son sexe. Réciproquement, chacun a besoin de s'identifier

---

1. Les forces de contrainte du surmoi ne laissent pas beaucoup de place à l'épanouissement de la sensibilité féminine. Les injonctions à devenir « homme » pour les garçons reposent souvent sur un refus de la sensibilité, donc du féminin : « ne pleure pas », « tu n'es pas une fillette », etc. Au contraire, les pulsions « mâles » de domination, de force sont souvent valorisées...

à au moins une personne du sexe opposé pour pouvoir entretenir des relations convenables avec le sexe opposé[1] ».

Pour la femme, l'enjeu est de lâcher la revendication idéalisée d'être pourvue d'un pénis (comme si c'était la seule sexuation anatomique valable) et d'accéder à la conscience d'être invaginée, donc à la possibilité de la volupté vaginale (intérieure), partant, au bonheur et à la fierté d'être femme[2]...

> Pour Valérie, l'austérité de sa famille (surtout celle de son père) représentait « une trappe sans fond » qui l'empêchait d'oser être elle-même, et notamment d'être femme. Ses habits de petite fille étaient très stricts, de grosses chaussures pesaient lourd à ses pieds. Son père la punissait cruellement, de façon inattendue, souvent pour des motifs qu'elle ne comprenait pas. Elle se souvient qu'adolescente, un jour où elle avait pris du temps pour « se faire jolie », son frère s'était moqué d'elle méchamment.
>
> Valérie constate que la fantaisie était interdite dans sa famille. Elle se remémore les soirées où, jeune fille, elle restait seule à se morfondre, car ses parents lui défendaient de sortir pour aller danser avec ses amies... En creusant, Valérie se rend compte que c'est la féminité qui était interdite. Ne pouvant « être femme, charmante, vivante », elle cherchait à être invisible pour éviter la violence de l'homme.
>
> Un cauchemar récent lui révèle qu'elle se vivait jusqu'alors asexuée, « bouchée, fermée, comme une poupée ». Elle comprend alors qu'elle avait honte d'être une femme, qu'elle aurait « préféré être un homme, non pour de vrai, mais pour être mieux acceptée par les autres ». Longtemps

---

1. NACHIN C., *La méthode psychanalytique*.
2. ABRAHAM N. et TOROK M., « La signification de l'envie du pénis chez la femme », in *L'écorce et le noyau*.

interdite de féminité, Valérie a développé une apparence de femme pour « essayer de plaire un peu tout de même ». Elle réalise que cette féminité extérieure arborée ne correspond pas au développement réel et profond de son féminin intérieur. Peu à peu, elle se sent devenir femme. Il ne s'agit plus d'une idée uniquement mentale : elle perçoit que son vagin, son utérus, ses seins existent, se réveillent, sont vivants. Valérie découvre peu à peu sa capacité à être vraiment femme et à vivre une rencontre intime...

Passer de l'autocritique au discernement

Une autre grande étape consiste à quitter l'autocritique ou la critique systématiques pour développer peu à peu une capacité de discernement. Il s'agit non plus de s'accuser, de se condamner ou de se juger, mais de se comprendre, comme le conseille Spinoza[1]. Le discernement requiert la capacité de se détacher, de prendre du recul, donc le temps de penser et de réfléchir, à partir de sa chair vivante et vibrante.

Une fois habitués à nous voir tels que nous sommes, nous pouvons tenter de repérer patiemment et progressivement notre implication et les mécanismes en œuvre dans chaque type de situation, notamment lorsque *le passé recouvre le présent*. Par exemple, nous pouvons avoir l'impression de revivre une situation antérieure – qui ne concerne que nous – et en oublier l'autre dans sa différence ainsi que la réalité actuelle.

Les parents de Julien étaient très exigeants avec lui. Devenu adulte, et malgré sa « réussite » dans tous les domaines, Julien reste timoré. Il a sans cesse peur de mal

---

1. SPINOZA B., « Traité politique » (I, 4), in *Œuvres complètes*.

faire. « Ce ne sera jamais assez bien pour eux ; quoi que je fasse, ils ne seront pas satisfaits », se répète-t-il à longueur de temps.

Julien se rend compte qu'il vit encore dans le passé, comme lorsque, petit garçon, il était si souvent découragé de ne pouvoir répondre aux attentes de ses parents. Aujourd'hui, il reconnaît : « Mes parents attendent quelque chose que je ne peux pas leur donner. » Il réalise que ses parents lui « parlaient à côté, en décalé : ils ne me parlaient jamais à moi ». Julien continue de fonctionner comme s'il était encore avec ses parents, qu'il soit seul ou avec d'autres, surtout s'ils sont plus âgés que lui...

Une relation est un ensemble d'interactions, et la position de l'autre dépend de la nôtre[1] : si nous changeons, lui aussi finira par évoluer. Si nous humanisons notre regard et notre parole, notre vis-à-vis pourra également assouplir et enrichir sa participation à la relation. Si nous acceptons de lâcher nos croyances imaginaires, si nous nous affirmons avec plus de précision et de sincérité en partant de nos ressentis, alors nous serons mieux entendus et l'autre sera invité naturellement à faire de même. De façon spécifique, plus nous allégeons intelligemment notre règlement intérieur, plus nous allons favoriser une relation libérée des contraintes inutiles...

Un père de bonne volonté souffrait de ne pouvoir apporter plus d'aisance à sa nombreuse famille, malgré sa forte implication dans son travail. Il incitait donc ses enfants à être particulièrement attentifs en classe, à être studieux pour « réussir leurs études » et assurer de meilleurs lendemains.

---

1. Ces aspects des réalités relationnelles sont développés en détail dans *Vivre en relation*, du même auteur.

Son intention partait d'un bon sentiment et d'une constatation de la réalité sociale. Pourtant, elle mettait ses enfants sous pression. Lorsque cet homme a pu « lâcher » ses exigences intimes, injustement redirigées vers ses enfants, ceux-ci se sont sentis plus détendus et plus libres. Comprenant, au fond, que leur père leur faisait vraiment confiance, ils ont pu enfin déployer toutes leurs ressources au quotidien, y compris dans les études qu'ils avaient choisies, et réussir pour eux-mêmes.

Quitter la morale pour l'éthique

Au terme de ce voyage en soi, il devient possible d'effectuer le passage le plus décisif, qui consiste à abandonner toute forme de morale (liée au *surmoi*) pour s'acheminer vers une existence éthique (orientée vers l'*idéal du moi*).

Le terme *éthique* vient du grec ancien *ethos*, qui signifie « espace où l'être humain habite »… L'éthique est le lieu de l'altérité, le séjour d'humanité et de vie de l'être en relation avec les autres. Trois dimensions principales définissent l'éthique :

- ce qui constitue l'humanité ;
- ce qu'est l'expérience humaine ;
- ce qui favorise l'humanisation de la personne.

Dans une rencontre entre deux humains, le fait d'avoir raison est beaucoup moins important que le fait de rester en lien, en connexion d'âmes, et non sous le joug d'une emprise… Plus concrètement, il s'agit par exemple de favoriser un dialogue équilibré et libre.

Rien n'est déterminé à l'avance lorsqu'on quitte la morale pour l'éthique. Il s'agit d'une recherche inventive, respectueuse et souple, qui requiert d'abandonner les certitudes héritées de notre règlement intérieur. Plutôt que d'asséner des principes, nous allons chercher à comprendre l'autre en lui posant des questions sur ses conceptions et ses intentions…

La prise en compte de l'altérité humaine place chacun face à la question de sa responsabilité et de ses choix. Il n'est plus question de condamner un « coupable », mais d'interroger et d'entendre un être humain invité à répondre de sa pensée, de ses paroles et de ses actes.

> Lorsque Martine aborde enfin un des poids principaux de son existence (l'infidélité de son mari), elle est gênée et se cache derrière des formules creuses. Elle sait bien que son psychanalyste va l'interroger sur sa responsabilité… Le compagnon de Martine la trompe depuis des années. Elle dit qu'elle en souffre, qu'elle n'en dort plus la nuit, qu'elle est angoissée. Comment a-t-elle pu accepter le comportement de son homme sans rien lui dire, sans l'interroger, sans chercher à en parler avec lui, sans lui affirmer ce qu'elle souhaite vivre et ce qu'elle ne peut tolérer ?

L'enjeu n'est pas des moindres, il s'agit de changer sa conception du monde, des autres, mais aussi de soi. Certaines questions ne manquent pas de se poser :

- Qui suis-je ?
- Quel est mon désir ?
- Qu'est-ce qui est essentiel pour moi ?
- Où en suis-je, dans mon existence, dans mes relations ?
- Comment est-ce que je me situe, par rapport aux autres, à mon environnement ?

Des freins à l'épanouissement

Malgré les prises de conscience et les bonnes résolutions, les difficultés surgissent du fait que le surmoi est étroitement lié aux pulsions, et notamment à la pulsion de mort. Cette dernière pousse à la répétition, mais aussi à la recherche de sanctions…

Le besoin de punition

Parfois, la situation des patients s'aggrave suite à un progrès réel, lorsqu'il est relevé par le psychanalyste. Selon S. Freud, ce retour en arrière est lié à une impression inconsciente de culpabilité ou à une croyance en une dette inconsciente. Il découvre ainsi le « besoin de punition », plus ou moins présent en chaque individu depuis la toute petite enfance.

En grande partie, et le plus souvent, ce phénomène est généré chez l'enfant par l'investissement énergétique et vibratoire du parent qui punit. Lorsqu'un père est en colère contre son enfant, il s'en occupe et réagit affectivement. Pour un enfant, mieux vaut un parent présent qui fait des remontrances qu'un parent absent qui ne pose aucune limite (l'absence de limites, très déstructurante, plonge l'enfant dans l'angoisse). Un amalgame risque de se créer entre la sanction et la démonstration affective (qui traduit l'importance de l'enfant aux yeux de son parent), surtout si

les expressions parentales de tendresse sont rares. Un rac-
courci peut s'inscrire dans l'inconscient de l'enfant : « si je
suis sanctionné, c'est que j'existe » ou, pire encore, « si je
suis puni, c'est que je suis aimé »…

À cela s'ajoute la place que joue la maladie dans le système
familial, le « levier » qu'elle constitue pour attirer l'attention
et la présence des parents. Pourquoi aller mieux, puisque
guérir signifierait perdre la sollicitude de ses proches – ou de
son psychanalyste ? Même s'il ne l'est pas réellement, le
patient se sent malade et souhaite inconsciemment le rester,
pour ne pas perdre les bénéfices indirects que lui assure son
statut. La plainte est construite sur ce type de fonctionnement.
L'investissement de la souffrance et de la maladie est parfois tel
qu'il vient empêcher toute guérison durable ou réelle[1].

Le besoin de punition est une des facettes du masochisme
moral[2]. Pour S. Freud, le surmoi menace le moi de repré-
sailles si ce dernier déroge au « règlement ». Cette angoisse
du moi devant le surmoi signe le masochisme de la personne,
qui demande une punition pour se libérer de ce qu'elle croit
(ou sait) être sa culpabilité. En creusant le sujet, S. Freud
découvre que l'angoisse manifeste aussi la crainte de l'abandon par les figures de tutelle intériorisées. L'enfant va ainsi se

---

1. FREUD S., « Le problème économique du masochisme », in *Névrose,
   psychose et perversion*.
2. Le « masochisme moral » désigne la tendance d'une personne à tout
   faire pour l'autre, à tout prendre sur elle, y compris les culpabilités
   qui ne sont pas les siennes, à se remettre sans cesse en cause ; en bref,
   à se soumettre et à se sacrifier.

soumettre aux punitions – même les plus injustes – de ses parents nourriciers, dont il dépend entièrement.

L'habitude fâcheuse d'attendre qu'un autre pose ou impose des limitations, voire inflige de réelles punitions, est longue et difficile à perdre. Souvent la personne croit qu'elle mérite d'être blâmée : « C'est ainsi, je suis comme ça, je ne mérite pas mieux... » Elle construit peu à peu son identité – et presque sa raison de vivre – sur un postulat complètement faux : elle ne se sent exister que lorsqu'elle est empêchée d'aller de l'avant.

Schématiquement bien sûr, disons que trois étapes seraient nécessaires à un individu dans ce cas pour se transformer réellement :

- faire le deuil d'une fausse identité reposant sur l'idée sans fondement qu'il n'a pas de valeur par lui-même et qu'il mérite la punition ;

- renoncer aux satisfactions qu'apportent les sanctions pour chercher le plaisir dans des situations qui le valorisent et lui permettent, au contraire, de développer sa fierté d'être lui-même ;

- revoir sa façon de vivre ses relations avec autrui, et, bien souvent, trouver de nouveaux partenaires de vie qui soient plus respectueux, plus justes, plus distants.

Cette métamorphose demande de la persévérance, du courage et la capacité de prendre des initiatives afin de se mettre en mouvement...

Le problème de l'inertie

L'inertie est une situation particulièrement paradoxale et dévoratrice d'énergie psychique. Tout être humain, dans un moment d'abattement ou de deuil, ressent cette force d'inertie qui l'empêche d'avancer. Certains individus ont cependant adopté ce type de fonctionnement au quotidien.

Une personne peut ainsi en arriver à se murer dans une forme plus ou moins grave d'immobilisme, pour ne pas être critiquée (pas d'action, pas de risque de critique !). N'ayant pas réussi à développer toutes les facettes de sa personnalité, elle attend que l'invitation à faire ou ne pas faire vienne d'un référent (par le biais de la punition, par exemple).

Le choix, conscient ou non, de rester sans bouger, sans changer, ou même sans entendre ni parler, évite de s'impliquer et de s'investir. Dans le cas d'une dispute par exemple, certains vont préférer se terrer dans le mutisme plutôt que d'argumenter pour faire avancer le débat. En refusant de s'exprimer, ils nient l'existence de l'autre et de la relation. Dans ce cas, l'inertie est le fruit d'une intention délibérée d'attaque du lien avec l'autre et avec le monde.

Toutefois, l'inertie ne remplit pas qu'une fonction de protection ou de domination. Elle peut aussi entraîner des oublis et des pertes de mémoire, car le recours à la réflexion et à la mémoire demande de l'entraînement.

À trente-six ans, Hélène est au chômage depuis longtemps. Elle ne fait rien pour trouver du travail, se plaint de vieillir, d'avoir de moins en moins d'argent et de vie sociale. Au bout de plusieurs mois de dépression grave, de jérémiades incessantes et d'autocritiques d'une grande noirceur, la jeune femme se réveille de sa torpeur et commence à se poser certaines questions :

1. Pourquoi ai-je si peu d'ambition ?
2. Pourquoi est-ce que je n'arrive pas à faire des efforts pour trouver du travail ?
3. Pourquoi est-ce que je ne parviens pas à puiser au-dedans de moi pour enrichir ma vie ?
4. Pourquoi mon univers intérieur n'a-t-il aucune incidence sur mon existence ?

S'il est très difficile à une personne installée dans l'inertie de s'en extraire (les forces d'inertie gèlent la mobilité et la fluidité nécessaires à un sursaut), comme bien souvent pour sortir d'une impasse, le premier pas est le plus important. Pour une personne prisonnière de son mutisme, le flux de paroles reviendra avec le premier mot qu'elle osera se risquer à prononcer. L'individu qui n'arrive pas à prendre d'initiative peut se fixer un objectif par jour et s'y tenir : s'occuper des papiers qui traînent depuis plusieurs mois, ranger une pièce, prendre rendez-vous chez le médecin. Une personne qui a tendance à se replier sur elle-même peut simplement décider de décrocher son téléphone pour appeler une amie…

La préférence pour la mort

La *préférence pour la mort* représente la configuration extrême de la combinaison entre besoin de punition, inertie et masochisme. Elle correspond à un surmoi féroce et mortifère, très destructeur (de soi le plus souvent, mais aussi parfois des autres, notamment les plus proches), à une disposition structurelle pour l'immobilisme, la déchéance ou même la régression.

L'être humain en bonne santé est caractérisé par son désir
d'évoluer – l'enfant en est une merveilleuse illustration, car
ses progressions sont très rapides, mais même adultes, nous
continuons d'évoluer dans de nombreux domaines. Dans
certains cas graves, ce désir d'aller de l'avant est étouffé, et
l'individu peut avoir envie de régresser jusqu'à un état
d'infantilisme afin d'être pris en charge. Il laisse les situations se dégrader sans agir, attend l'échec, etc.

> Ce mode de fonctionnement est particulièrement ancré
> et profond. Un homme qui a entendu toute son enfance
> son père lui répéter qu'il n'est qu'un « bon à rien » choi-
> sira de prouver, une fois adulte, qu'il est incapable de
> mener à bien quoi que ce soit : il met tout simplement en
> œuvre la malédiction paternelle. De la même manière,
> une femme qui grandit en s'entendant dire tous les jours
> que « la vie est dure » risque de mettre en place une exis-
> tence conforme à ce point de vue.

Ainsi, la personne préfère croire aux « malédictions » et
mensonges de sa famille sur elle-même ou sur la vie. Elle les
incorpore, les fait siens et en prend le relais. Elle choisit de
s'enfermer dans la loyauté aux principes du clan familial, au
lieu de s'en dégager pour être fidèle à ses propres désirs[1].
Plutôt que de suivre les « lois de vie », qui amènent à
s'humaniser et à s'inscrire dans un mouvement personnel de
création et d'évolution, elle se soumet aux « lois de mort ».

---

1. Pour distinguer fidélité et loyauté, se reporter à *Vivre en relation* du
   même auteur.

© Groupe Eyrolles

Pour sortir de cette spirale infernale, elle devra faire preuve d'énormément de courage et de persévérance à long terme, car les dérapages la ramenant à ses problèmes risquent d'être nombreux, malgré sa bonne volonté. La première étape consiste à faire le deuil des figures de l'enfance pour choisir de nouveaux référents qui aiment la vie et la savourent. Ensuite, il est nécessaire d'accepter de se débarrasser de toutes les valeurs « anti-vie » de son passé, en choisissant de les remplacer peu à peu par ses propres valeurs, fondées sur des expériences heureuses et sur un réel goût pour l'existence. Enfin, comme pour les personnes souffrant d'inertie, il est intéressant de se remettre en mouvement, et de cultiver la joie au quotidien à travers des actes, même anodins, qui apportent du bonheur (aller au cinéma, développer une amitié, se cuisiner un bon petit plat, se promener…).

Une métamorphose patiente

La sensibilité est l'intelligence véritable.

J. Fautrier

Comme nous l'avons maintes fois précisé, le surmoi présente une complexité paradoxale intrinsèque, particulièrement déroutante. Il a tendance à être :

- soit aveuglément pulsionnel dans ses injonctions à la jouissance ou à la punition (cruelle, sadique ou violente) ;
- soit abstrait et mental dans ses préceptes moraux, voire intellectualisant pour argumenter et justifier ses idéaux.

D'ailleurs, une mauvaise compréhension du surmoi pourrait nous pousser à nous débarrasser, sans réflexion préalable, des contraintes morales, ce qui aurait pour conséquence de laisser la part pulsionnelle se déchaîner. L'évolution vers davantage de liberté intérieure ne peut s'effectuer que par une mise à plat, un désenchevêtrement, un allègement conscient et patient de l'ensemble de l'« appareil de contraintes »…

Accepter les deuils

Nous l'avons vu, il est possible de repérer peu à peu les manifestations, donc les mécanismes, de son « gouvernement intime » et de l'assouplir par un travail patient de discernement. Pas à pas, le règlement intérieur peut être grandement simplifié et amendé. Il s'agit d'une part, de diminuer les forces de contrainte, et d'autre part, de confirmer celles d'encouragement, de protection et de soutien. Enfin, le surmoi perd son pouvoir en devenant impersonnel : il n'est plus question de se soumettre à telle autorité ou telle personne, mais de répondre à quelques grands idéaux, et de respecter les interdits fondateurs de l'humanité.

Le passage est délicat, comme le prouvent tous les exemples de ce livre. Il requiert de quitter d'anciens modes de vie, de vieux fonctionnements, des habitudes de plaire et de ne pas déplaire, de fausses croyances, des automatismes liés au malheur, à la plainte ou à la souffrance pour se resituer autrement, vivant, face au monde, aux autres et à soi-même.

Une telle métamorphose prend du temps :

- elle commence par l'abandon de toutes les croyances ou idéologies qui nous faisaient tenir à des mirages et nous faisaient donc suivre aveuglément un autre, ou un groupe ;

- elle se poursuit par la chute des idoles (il ne s'agit pas de faire disparaître l'admiration, qui est saine et porteuse) : il n'y a pas de déesse ou de dieu sur terre ;

- elle implique de quitter les fantasmes de (toute-)puissance sexuelle ou sociale (par exemple, à travers la croyance que nous avons de la valeur ou que nous existons grâce à notre argent, notre pouvoir ou nos biens) ;

- elle exige de ne plus croire que nous pouvons éviter l'ennui, la solitude et nous sentir vivants uniquement parce que nous jouissons, parce que nous ressentons des émotions intenses à travers l'alcool, la consommation, les drogues, la nourriture, le sexe, le sport extrême, etc. ;

• elle s'achève par la conquête de notre propre pensée, en fuyant les idées reçues, en sortant des consensus, en nous libérant des conventions, en évitant les redites et les plagiats.

Cette transformation profonde opère par le truchement du deuil : il nous est nécessaire d'accepter la réalité dans ses limitations et de renoncer à l'autre[1] (dans le cas d'un deuil réel ou d'une séparation amoureuse), à notre passé, à nos idéaux inaccessibles, à nos illusions, à nos prétentions... Non, nous ne sommes ni omniscients, ni omnipotents, ni invulnérables, ni immortels, même si nous croyons parfois l'être ! La réalisation de ces deuils successifs, avec leur cohorte de remaniements intérieurs, mais également leur farandole de tristesse, de déprime, voire de dépression, nous permet d'accueillir et d'accepter nos fragilités et nos limites. Là encore, du temps et de la patience sont nécessaires.

Olga est une jeune styliste pleine d'entrain. Elle a progressivement découvert un secret que sa mère cachait à toute la famille depuis de très nombreuses années. Pendant des semaines, Olga reste incrédule, comme si rien n'avait changé. Puis, elle se révolte contre cette révélation qui chamboule tout son passé. Elle est envahie par une très forte colère contre sa mère, par rapport à qui elle prend de la distance. Un jour, la colère laisse place à la

---

1. Il est aussi nécessaire de renoncer à l'autre en tant que personne qui va nous combler et répondre à toutes nos attentes.

honte d'avoir une mère comme la sienne. Vient alors une longue période de déprime et de dégoût pour la vie. Olga se laisse aller ; elle ne « croit plus en rien »…

Après des mois durant lesquels la jeune femme oscille entre l'indignation et l'abattement, elle retrouve goût à sa relation avec son compagnon, qu'elle avait délaissé. Ils recommencent à « beaucoup se parler ». Olga trouve peu à peu une nouvelle façon de considérer son existence, en acceptant de ne pas avoir grandi dans une famille idéale. Elle se sent moins exigeante envers elle-même. Elle peut alors mettre en œuvre avec une énergie renouvelée sa prochaine collection de prêt-à-porter.

« Il n'existe pas de deuil qui se déroulerait seul à seul, sans qu'une tierce instance en partage les moments[1] », affirme Maria Torok. Nous avons besoin d'une personne de confiance pour intérioriser nos sentiments et notre vécu face à la situation, afin de nous enrichir de cette expérience nouvelle, aussi rude soit-elle.

Il est alors possible d'arrêter de juger et de se moquer pour se protéger, d'accepter la perte (de la plus petite frustration au plus grand manque) et de s'inscrire dans un cycle long[2] de rencontres et de relations.

Faire confiance à ses ressentis

L'enjeu de l'existence humaine repose sur la connaissance de soi-même[3]. Nous retrouvons ici la nécessité de désintriquer

1. TOROK M., *Une vie avec la psychanalyse.*
2. Par opposition au « cycle court » de la consommation immédiate…
3. Le passage qui suit a été rédigé à partir de la conférence « Conscience et fragilité », donnée au CEAS de Nice le 4 décembre 2008 par l'auteur.

notre surmoi des personnes référentes de l'enfance et de l'adolescence, pour accéder peu à peu à une pensée personnelle, non plus morale mais éthique, puis à des paroles et des actions dont nous pouvons répondre en conscience.

Ainsi, le plus important est de fonder sa pensée personnelle sur ses perceptions, donc de s'appuyer en tout premier lieu sur l'ensemble de ses sensations. C'est aussi ce qu'affirme le psychanalyste britannique W. Bion : « Pour affronter une expérience nouvelle, quelle qu'elle soit, l'important n'est pas tant d'être en mesure de penser intellectuellement que d'éprouver émotionnellement avec toute sa sensibilité[1]. »

Le verbe *percevoir* vient du latin *percipere* qui signifie « prendre ensemble », « récolter ». La perception consiste à récolter des informations sur la réalité, elle se rapproche en cela de la conscience, cette connaissance que l'être développe à propos de ses sentiments, de ses pensées et de ses actions. La conscience donne la possibilité d'envisager le monde, de le traduire, de l'interpréter et de le comprendre. Voici un exemple de cette perception de soi.

> À l'approche de la cinquantaine, William vit une situation de crise dans son couple. Entre deux séances, il envoie parfois à son psychanalyste un message électronique. Un jour de grande détresse, il lui écrit : « Je me rends compte que je vous écris pour avoir un contact humain quelque part sur terre, comme si le monde avait disparu et que je me retrouvais seul, c'est là ma panique. Un jour, peut-être, arriverai-je à dormir la nuit, à ne plus paniquer comme un bébé abandonné, à ne plus m'agiter toute une nuit durant... La mort

---

1. BION W. R., *Séminaires italiens*.

d'un nouveau-né abandonné doit être la pire qui puisse existe, et j'ai l'impression de la vivre si souvent. [...] Le vide du nourrisson qui meurt, jeté au caniveau, les bras tendus vers le ciel, c'est comme une noyade. »

Deux ans plus tôt, avant de commencer sa recherche sur lui-même, William semblait sûr de lui. Il n'était pas prêt à accepter de regarder en face ses doutes, ses fragilités, ses limites et sa solitude. Aujourd'hui, il est capable de les nommer, d'en prendre connaissance et d'appeler au secours...

Il n'est pas étonnant alors que les psychanalystes demandent régulièrement à leurs patients, des plus jeunes aux plus âgés, d'exprimer leurs ressentis et de repasser par leurs perceptions, leurs images intimes et leur sensibilité originale pour décrire une expérience.

S'appuyer sur les épreuves traversées

Au-delà de la question du surmoi, bien qu'intrinsèquement liée à elle, l'expérience prouve que la voie vers la guérison demande nécessairement d'accepter ses failles et de s'appuyer sur leur compréhension pour avancer.

Lequel d'entre nous pourrait prétendre ne pas avoir vécu d'épreuves personnelles ? Quels enseignements profonds, quelle sagesse humaine, quelle connaissance intime avons-nous pu retirer de la traversée de nos épreuves ?

Le 18 août 1943, quelques jours avant sa déportation, Etty Hillesum écrit : « Je suis très fatiguée depuis quelques jours, mais cela passera comme le reste ; tout progresse selon un rythme profond propre à chacun de nous. Nous devrions apprendre à écouter et à respecter ce rythme : c'est ce qu'un être humain peut apprendre de plus important dans cette vie[1]. »

> À quarante et un ans, Armande reconnaît pour la première fois, après de longues années d'exploration de son histoire et de son inconscient, qu'elle n'a pas d'empathie pour les autres, qu'elle est incapable de ressentir la moindre compassion. Cette découverte survient deux jours après qu'elle a ressenti de la tristesse pour elle-même, chose tout à fait nouvelle dans son existence...
>
> Au même moment, Armande réalise qu'elle met sans cesse ses amies à l'épreuve, comme son père l'a fait avec ses différentes compagnes et également avec elle. Cette fragilité inconsciente, qui lui fait répéter indéfiniment les blessures du passé, la maintient dans un isolement affectif grave et douloureux. En prendre conscience la soulage et lui ouvre désormais la possibilité d'y mettre un terme. Elle peut dorénavant inventer de nouvelles façons d'être en relation avec ses amies.

Ces prises de conscience sont possibles grâce à un processus psychique d'intériorisation et de symbolisation que les psychanalystes nomment *introjection*. Voici comment Claude Nachin définit le phénomène : « L'introjection est le mécanisme psychique fondamental qui nous permet de prendre et de garder dans l'esprit les traces de toutes nos expériences – qu'il s'agisse de nos sentiments, de nos désirs, des événements ou des influences du monde extérieur. Chez le bébé,

---

1. HILLESUM E., *Une vie bouleversée.*

les premières introjections lui permettent de conserver des images de lui-même et des images de sa mère. [...] Comme il n'est pas possible d'accueillir dans l'esprit les choses et les gens, ce sont des symboles qui les représentent, fondés d'abord sur les traces des sensations, des sentiments, des gestes et des premières images[1]. »

Nous voyons à quel point notre sensibilité est une aide pour la mise en pensée de nos expériences, quelles qu'elles soient. Il est donc bon que notre surmoi ne puisse pas la brider d'une façon ou d'une autre...

Développer son identité

À ce stade, dernière étape de notre voyage, si nous sommes capables de ne plus nous laisser enfermer dans la pulsion – qu'elle soit du côté de la jouissance ou de la punition, ou du côté de l'exhibition, de l'inhibition et de la prohibition –, si nous souhaitons vivre en respectant notre désir profond d'être humain unique, si nous savons affirmer notre pensée spécifique en nous fondant sur nos ressentis, si nous pouvons accueillir nos fragilités et celles des autres, nous n'avons plus besoin de nous identifier à un personnage, à un groupe, à une institution, à une culture, à une idéologie.

« Quiconque s'identifie à un territoire, à une religion, à une croyance, à une idéologie, à une ethnie, à une langue, à une

---

1. NACHIN C., À l'aide, y a un secret dans le placard !.

mode, à une couleur ne fait que se dépouiller de sa singularité, de sa vraie et inépuisable richesse, de ce qui est le plus vivant et le plus humain en lui[1]. »

Notre identité est souple, vivante. Elle évolue au gré de nos rencontres, de nos découvertes, de nos émois, des flux et reflux de notre existence. Après avoir franchi toutes ces étapes, notre surmoi n'est plus qu'un ancien souvenir, un lointain fantôme qui ne nous hante plus, un vieux compagnon qui nous laisse tranquilles et ne nous dérange plus, ou presque. Il a baissé les armes, déserté les tribunaux et ouvert les portes des prisons : oui, il est grand temps de vivre !

---

1. VANEIGEM R., *Pour l'abolition de la société marchande pour une société vivante.*

Conclusion

En arrivant à constater les faits sans juger, nous pouvons nommer sans détour les réalités individuelles et sociales. Il nous est nécessaire de nous départir des aveuglements, banalisations, complaisances et autres complicités qui empêchent l'émergence de notre propre pensée, c'est-à-dire de notre personne réelle et frémissante, incarnée. Ainsi, nous devenons fiers de dire « je ».

Voir la réalité telle qu'elle est constitue la seule façon de se transformer pour devenir soi-même, de plus en plus humain. Pour cela, un long chemin rempli d'embûches nous emmène vers un lâcher prise de plus en plus important : nous pouvons laisser derrière nous les contraintes que nous ont imposées les autres, nous pouvons laisser tomber le contrôle que nous voulions assurer sur nous-mêmes, nos proches et notre existence, nous pouvons laisser de côté nos croyances, nos leurres et nos idées toutes faites. « Désinvestir », dit la sagesse taoïste...

Il est simplement question, pour vous, pour moi, de prendre et de tenir sa juste place dans ce monde, sans se cacher
perpétuellement derrière les idées des autres, les exigences
d'une famille, les principes d'un clan. Au fond, nous le
savons bien, notre désir le plus cher est de vivre selon notre
cœur, c'est-à-dire dans le mouvement joyeux de cet être
unique que nous sommes, chacune, chacun, et que nous
souhaitons voir exister vraiment auprès des autres, nos
sœurs et frères humains.

Bibliographie

Nicolas ABRAHAM et Maria TOROK, *L'écorce et le noyau*, Flammarion, 1999.

Wilfred. R. BION, *Séminaires italiens*, In Press, 2005.

Sandor FERENCZI, *Confusion de langue entre les adultes et l'enfant*, Payot, 2004.

Sandor FERENCZI, « Mots obscènes. Contribution à la psychologie de la période de latence », in *Psychanalyse I, Œuvres complètes 1908-1912*, Payot, 1990.

Sandor FERENCZI, « Inversion d'affect en rêve », in *Psychanalyse II, Œuvres complètes, 1913-1919*, Payot, 1990.

Sandor FERENCZI, « Le rêve du nourrisson savant », in *Psychanalyse III, Œuvres complètes, 1919-1926*, Payot, 1990.

Sandor FERENCZI, « L'adaptation de la famille à l'enfant », in *Psychanalyse IV, Œuvres complètes, 1927-1933*, Payot, 2007.

Sigmund FREUD, *Essais de psychanalyse*, Payot, 2001.

Sigmund FREUD, *La vie sexuelle*, PUF, 1992.

Sigmund FREUD, *Le malaise dans la culture*, PUF, 2004.

Sigmund FREUD, *Névrose, psychose et perversion*, PUF, 2007.

Etty HILLESUM, *Une vie bouleversée*, Points, 1995.

Melanie KLEIN, *Le transfert et autres écrits*, PUF, 2001.

Julia KRISTEVA, *L'avenir d'une révolte*, Calmann-Lévy, 1998.

Jacques LACAN, *Écrits*, Points, 1999.

Jean LAPLANCHE et Jean-Bertrand PONTALIS, *Vocabulaire de la psychanalyse*, PUF, 2007.

Lucien MÉLÈSE, *La psychanalyse au risque de l'épilepsie*, Érès, 2000.

Claude NACHIN, *À l'aide, y a un secret dans le placard !*, Fleurus, 1999.

Claude NACHIN, *La méthode psychanalytique*, Armand Colin, 2004.

Claude NACHIN, *Les fantômes de l'âme*, L'Harmattan, 1993.

Juan-David NASIO, *Le plaisir de lire Freud*, Payot, 2001.

Francis PASCHE, *Le passé recomposé*, PUF, 2000.

Baruch SPINOZA, « Traité politique », in *Œuvres complètes*, Gallimard, 2007.

Serge TISSERON, *Tintin et les secrets de famille*, Aubier, 1993.

Saverio TOMASELLA, « Haine, envie, jalousie : psychanalyse du désastre », in *Le Coq-Héron*, n° 182, Érès, 2005.

Saverio TOMASELLA, « De l'image inconsciente du corps à l'image consciente du cœur » et « Les phénomènes de groupe », *Psychanalyse Magazine*, septembre 2004.

Saverio TOMASELLA et Karin TRYSTRAM, « Les Configurations familiales atypiques et leurs implications humaines », in *Le couple, si on en parlait ?*, Eyrolles, 2006.

Maria TOROK, *Une vie avec la psychanalyse*, Aubier, 2002.

Raoul VANEIGEM, *Pour l'abolition de la société marchande pour une société vivante*, Payot, 2002.

Alain VANIER, *Lacan*, Alianza, 2000.

Donald W. WINNICOTT, *Conseils aux parents*, Payot, 2007.

Donald W. WINNICOTT, *Le bébé et sa mère*, Payot, 1992.